Siegrun Boß-Kulbe

Sticken

Kollektion Mittsommerland

Liebe Leserinnen und Leser,

in einer Zeit, die immer hektischer und stressiger wird, tut es gut, sich zwischendurch einmal zurückzuziehen, Ruhe zu haben und sich seinem (neuen) Hobby zu widmen. Gerade die fast schon meditative, kreative Beschäftigung mit Nadel und Faden lädt hervorragend zum Entspannen ein, vor allen Dingen dann, wenn die Motive wie hier an herrliche Urlaubstage an der frischen, reinen Luft erinnern.

Mit ihren klaren Farben, meist in der Kombination mit Weiß, lassen Kissen, Brotkörbchen und mehr für mich Erinnerungen an Ferientage mit meinen Eltern auf der dänischen Insel Bornholm wach werden. Den Rosenduft und das Vogelgezwitscher von dort habe ich in der klassischen Sticktechnik des Kreuzstiches in modern-dekorativen Entwürfen umgesetzt. Diese Designs passen natürlich nicht nur in die hübschen, bunten Holzhäuser, die ich von dort kenne, sondern auch in Ihr Zuhause.

Ihre

Sigrun Boß-Kulbe

Windlicht

Frisch und fröhlich sieht das Windlicht aus – und verbreitet sofort Sommerlaune auf dem Fensterbrett, auch wenn sich draußen erst die Frühlingsblumen zeigen.

* Zweigart Cashel in Weiß (Fb 100), 31 cm x 10 cm
* Stoff mit Röschen in Beige, 31 cm x 7 cm
* Dekoband mit Blättchen in Weiß, 1 cm breit, 62 cm lang
* Anchor Sticktwist in Rosa (Fb 24), Pink (Fb 27), Rosé (Fb 48), Hellgrün (Fb 204), Weinrot (Fb 1005) und Gelbgrün (Fb 1043), je 1 Strang
* Windlichtglas, ø 9 cm, 13 cm hoch
* Sticknadel Nr. 22 ohne Spitze
* Stickschere
* Sticktechnik: Kreuzstich 2-fädig über 2 Fäden
* Motivgröße: 162 x 28 Stiche = ca. 29 cm x 5 cm
* Vorlagenbogen A

Die Stickvorlage zeigt etwas mehr als die Hälfte des Windlichts. Den Rapport zweimal sticken. Die Stickerei wird von der Mitte her eingeteilt.

Oben an den bestickten Stoff den Röschenstoff nähen. Hier beträgt die Nahtzugabe bei beiden Stoffen 1 cm. Auf die Naht das Dekoband steppen. Die Ober- und Unterkante ca. 1 cm nach innen umschlagen und absteppen, über die Unterkante das Dekoband nähen. Die Seiten zusammensteppen.

Den Stoff über das gläserne Windlicht ziehen.

Rosenkissen

Genau das Richtige für Dornröschen: Dieses Kissen wirkt ausgesprochen romantisch und märchenhaft duftig-zart.

* Coats Stoffmotiv rund in Weiß, ø 20 cm * Stoff mit Röschen in Hellgrün, 65 cm x 65 cm * Satinband in Rosa, 5 mm breit, 60 cm lang * Anchor Sticktwist in Rosa (Fb 24), Pink (Fb 27), Rosé (Fb 48), Hellgrün (Fb 204), Steingrau (Fb 232), Wiesengrün (Fb 244), Dunkelbraun (Fb 380), Weinrot (Fb 1005) und Gelbgrün (Fb 1043), je 1 Strang * Füllvlies * Sticknadel Nr. 22 ohne Spitze * Stickschere
* Sticktechnik: Kreuzstich 3-fädig über 2 Fäden *
* Motivgröße: 42 x 42 Stiche = ca. 8 cm x 8 cm *
* Vorlagenbogen A *

Die Kreisform besticken, dabei das Motiv von der Mitte her einteilen.

Durch die Häkellöcher des runden Stoffmotivs (das runde Stoffmotiv ist damit bereits versehen) das rosafarbene Satinband ziehen und zu einer Schleife binden.

Aus dem Röschenstoff zwei Kreise mit ø 32 cm ausschneiden und die Ränder mit einem Zickzackstich versäubern. Auf die Mitte eines Stoffkreises die Stickerei steppen.

Die Vorder- und Rückseite des Kissens rechts auf rechts zusammennähen, dabei eine Öffnung zum Füllen lassen. Wenden, das Kissen mit Füllvlies füllen und die Öffnung schließen.

Das fertige Kissen hat einen Durchmesser von ca. 30 cm.

I'm in the garden

I'm in the Garden

Ein hübsches Bild – nicht nur für Gartenliebhaber, sondern auch für alle, die Sehnsucht nach der ländlichen Idylle haben.

* Zweigart Cashel in Weiß (Fb 100), 20 cm x 20 cm
* Stoff mit Streifen in Mint, 38 cm x 38 cm
* Anchor Sticktwist in Weiß (Fb 1), Rosa (Fb 24), Pink (Fb 27), Rosé (Fb 48), Mint (Fb 185), Hellgrün (Fb 204), Steingrau (Fb 232), Dunkelbraun (Fb 380), Dunkelgrün (Fb 923), Weinrot (Fb 1005), Apricot (Fb 1010) und Gelbgrün (Fb 1043), je 1 Strang
* Rahmen in Weiß, 32 cm x 32 cm * Sticknadel Nr. 22 ohne Spitze
* Stickschere
* Sticktechnik: Kreuzstich 2-fädig über 2 Fäden *
* Motivgröße: 78 x 74 Stiche = ca. 14 cm x 13,5 cm *
* Vorlagenbogen A *

Das Motiv in die Mitte des Stoffes sticken.

Das Motiv mit Zickzackstich auf den Druckstoff nähen. Bild rahmen.

So scheint nichts durch: Wenn Sie auf die Rückseite der Stickerei ein weißes Bügelvlies bügeln, dann scheint der Streifenstoff nicht durch.

Zeit für sich selbst

Familie, Arbeit, Haushalt ... Freie Zeit wird immer weniger und dadurch wertvoller. Gönnen Sie sich ganz bewusst ruhige Stunden für sich selbst, in denen Sie sich zum Beispiel Ihrem Hobby widmen. Unter Ihren Händen entstehen so die schönsten Sachen, die sowohl Ihr Auge wie auch Ihre Seele erfreuen und die liebe Freunde sicher auch begeistern!

Kleiderbügelkleid

So wird der Kleiderbügel richtig kleidsam: Der Mantel kommt auf den Bügel, in den Täschchen finden die dazu passenden kleinen, modischen Accessoires Platz.

* Zweigart Cashel in Weiß (Fb 100), 13 cm x 12 cm und 2-mal 11 cm x 10 cm
* Stoff mit Punkten in Beige, 2-mal 45 cm x 28,5 cm
* Stoff mit Barockmuster in Ecru, 13 cm x 3 cm und 2-mal 11 cm x 3 cm
* Anchor Sticktwist in Rosa (Fb 24), Pink (Fb 27), Rosé (Fb 48), Hellgrün (Fb 204), Steingrau (Fb 232), Wiesengrün (Fb 244), Dunkelbraun (Fb 380), Weinrot (Fb 1005) und Gelbgrün (Fb 1043), je 1 Strang
* Kleiderbügel, 42 cm x 7,5 cm
* Sticknadel Nr. 22 ohne Spitze
* Stickschere
* Sticktechnik: Kreuzstich 2-fädig über 2 Fäden
* Motivgröße: 44 x 32 Stiche = 8 cm x 6 cm
* Vorlagenbogen A+B

Die beiden Stickvorlagen zeigen die gesamten Stickmotive. Das kleine Täschchen zweimal arbeiten. Die Stickmotive jeweils von der Mitte her einteilen.

Laut Vorlage das Kleiderbügelkleid zweimal zuschneiden.

Rechts auf rechts die beiden Teile zusammennähen. Auf den oberen Rand der Täschchen laut Schnitt den Barockmusterstoff steppen und säumen. Dann die Taschen auf das Vorderteil steppen.

Das Vorder- und Rückenteil zusammensteppen, dabei für den Bügelhaken eine Öffnung lassen und die Seiten und Bogenkanten schmalkantig absteppen.

Herz über Herz

Die dekorativen Stoff-Herzen passen hervorragend ins Badezimmer, Wohnzimmer oder auch in die Küche. Eben überall hin, wo ein bisschen Herz gut tut!

Bestticktes Herz

* Zweigart Cashel in Weiß (Fb 100), 21 cm x 9 cm * Stoff mit Röschen in Hellgrün, 2-mal 22 cm x 27 cm * Stoff in Apricot, 150 cm x 4 cm (Rüsche) * Dekoband mit Blättchen in Rot, 1 cm breit, 37 cm lang * Dekoband mit Schnörkeln in Rot, 1 cm breit, 25 cm lang (Schlaufe) * Anchor Sticktwist in Weiß (Fb 1), Rosa (Fb 24), Pink (Fb 27), Rosé (Fb 48), Mint (Fb 185), Hellgrün (Fb 204), Dunkelbraun (Fb 380), Weinrot (Fb 1005) und Gelbgrün (Fb 1043), je 1 Strang * Füllvlies * Sticknadel Nr. 22 ohne Spitze * Stickschere * Sticktechnik: Kreuzstich 2-fädig über 2 Fäden * Motivgröße: 65 x 25 Stiche = ca. 11,5 cm x 4,5 cm * Vorlagenbogen A+B *

Die Stickvorlage zeigt das gesamte Stickband. Die Stickerei wird von der Mitte her eingeteilt.

Laut Vorlage das Herz zweimal aus dem bedruckten Stoff ausschneiden. Auf die Vorderseite das bestickte Band heften. Die Rückseite bleibt unbestickt. Über die Nähte das Band mit Blättchen steppen.

Die Vorder- und Rückenseite des Herzens rechts auf rechts zusammennähen, dabei eine ca. 8 cm große Öffnung offen lassen. Den längs zur Hälfte gefalteten Stoff für die Rüsche zwischen der Steppnaht mitfassen. Auch das zur Schlaufe gelegte Band mit Schnörkeln in der oberen Mitte mit einnähen.

Das Herz mit Füllvlies füllen und die Öffnung von Hand zunähen.

Stoffherz

* Stoff mit Streifen in Rosa, 2-mal 15,5 cm x 21 cm
* Klöppelspitze in Weiß, 1,5 cm breit, 90 cm lang
* Dekoband mit Blättchen in Rot, 1,5 cm breit, 25 cm lang (Schlaufe)
* Füllvlies * 2 Knöpfe in Herzform in Weiß, ca. 1,5 cm hoch
* Vorlagenbogen B *

Laut Vorlage das Herz aus dem Stoff zweimal zuschneiden.

Die Vorder- und Rückenseite des Herzens rechts auf rechts zusammennähen, dabei die Klöppelspitze mit in die Steppnaht einfassen. Auch das zur Schlaufe gelegte Band in der oberen Mitte mit einnähen. Dabei eine Öffnung zum Wenden und Füllen offen lassen.

Das Herz mit Füllvlies füllen. Die Öffnung von Hand schließen und die Knöpfe aufnähen.

Brotkörbchen

Ideal für ein gemütliches Sonntagsfrühstück. So hübsch angerichtet schmecken frische, knusprige Brötchen vom Bäcker gleich noch mal so gut.

✱ Zweigart Cashel in Weiß (Fb 100), 40 cm x 40 cm ✱ Stoff mit Punkten in Beige, 40 cm x 40 cm ✱ Satinband mit Dunkelbraun, 1 cm breit, 176 cm lang ✱ Anchor Sticktwist in Weiß (Fb 1), Lila (Fb 86), Hellblau (Fb 120), Blau (Fb 121), Dunkelblau (Fb 134), Türkis (Fb 167), Steingrau (Fb 232), Schlamm (Fb 233) und Dunkelbraun (Fb 380), je 1 Strang ✱ Vliesstoff, 38 cm x 38 cm ✱ Sticknadel Nr. 22 ohne Spitze ✱ Stickschere ✱ Sticktechnik: Kreuzstich 2-fädig über 2 Fäden ✱ ✱ Motivgröße: 65 x 25 Stiche = ca. 11,5 cm x 4,5 cm ✱ ✱ Vorlagenbogen A ✱

Die Stickvorlage zeigt den bestickten Teil einer Seite. So alle vier Seiten des Körbchens besticken. Dabei die Stickerei jeweils von der Seitenmitte her einteilen.

Ein Quadrat aus dem Stickstoff und ein Quadrat aus dem Pünktchenstoff zuschneiden. Der bedruckte Stoff bildet dabei das Innenfutter.

Den Stick- und den Pünktchenstoff rechts auf rechts zusammensteppen, als Zwischenlage den Vliesstoff einheften. Dabei jeweils 9 cm von den Ecken entfernt die acht 22 cm langen Satinbänder mit einnähen. An einer Seite eine Öffnung lassen, das Teil wenden und die Öffnung schließen.

In der Mitte ein 20 cm x 20 cm großes Quadrat absteppen. Das Körbchen entsteht, wenn man die Seiten über Eck zusammenbindet.

Diary

Für alles, was Ihnen lieb und wichtig ist: Erinnerungen, Gedichte oder Kochrezepte schreibt man in dieses hübsch aufgepeppte Notizbuch sicher gerne.

* Zweigart Cashel in Weiß (Fb 100), 10 cm x 10 cm * Filz in Lila, 10,5 cm x 10,5 cm (Ausschnitt 7,8 cm x 7,8 cm) * Stoff mit Punkten in Apricot * Dekoband mit Schörkeln in Weiß, 1 cm breit, 22 cm (Schleife) und 2-mal 30 cm lang (Bändel) * Anchor Sticktwist in Weiß (Fb 1), Rosa (Fb 24), Pink (Fb 27), Rosé (Fb 48), Hellgrün (Fb 204), Dunkelbraun (Fb 380), Weinrot (Fb 1005) und Gelbgrün (Fb 1043), je 1 Strang * Diary * Pappe * Vliesstoff * Sprühkleber * Sticknadel Nr. 22 ohne Spitze * Stickschere * Sticktechnik: Kreuzstich 2-fädig über 2 Fäden * * Motivgröße: 40 x 35 Stiche = ca. 7 cm x 6,5 cm * * Vorlagenbogen A *

Die Stickvorlage zeigt das gesamte Stickmotiv. Dabei die Stickerei von der Mitte her einteilen.

Zwei Pappstücke in Buchdeckelgröße zuschneiden. Beide Pappstücke einseitig mit Vliesstoff bekleben, welcher ringsum jeweils 3 mm kleiner als der Buchdeckel zugeschnitten sein muss. Den Pünktchenstoff, welcher ringsum jeweils 2,5 cm größer als der Buchdeckel zugeschnitten wurde, mittig auf den Vliesstoff legen, die Nahtzugaben auf die Papp-Rückseiten umschlagen und festkleben. Die so bezogene Pappe auf die Vorder- und Rückseite des Diarys kleben.

Die Stickerei vorsichtig mit Sprühkleber von der Rückseite her einsprühen. Den lilafarbenen Filzrahmen ausschneiden und die Stickerei damit einrahmen. Dann das Bildchen auf die Vorderseite des Diarys kleben.

Eine kleine Schleife aus Dekoband auf die Ecke des Filzrahmens kleben. Die anderen beiden Dekobandabschnitte als Verschluss-Bändel auf die Innenseiten der Buchdeckel kleben.

Lesezeichen

Für Leseratten und Bücherwürmer: Das kleine Lesezeichen sorgt dafür, dass Sie nicht vergessen, wo Sie stehen geblieben sind.

* Zweigart Cashel in Weiß (Fb 100), 9 cm x 16 cm * Filz in Babyblau, 9 cm x 16 cm * Stoff mit Rauten in Weiß, 15 cm x 30 cm
* Dekoband mit Schnörkeln in Weiß, 1 cm breit, 25 cm lang
* Anchor Sticktwist in Weiß (Fb 1), Rosa (Fb 24), Pink (Fb 27), Rosé (Fb 48), Hellgrün (Fb 204), Weinrot (Fb 1005) und Gelbgrün (Fb 1043), je 1 Strang
* Pappe, 8,8 cm x 24 cm (Ausschnitt 5 cm x 12,5 cm) * Einschlagöse in Gold, ø 14 mm
* Sprühkleber * Sticknadel Nr. 22 ohne Spitze * Stickschere
* Sticktechnik: Kreuzstich 2-fädig über 2 Fäden *
* Motivgröße: 17 x 58 Stiche = ca. 3 cm x 10,5 cm *
* Vorlagenbogen A *

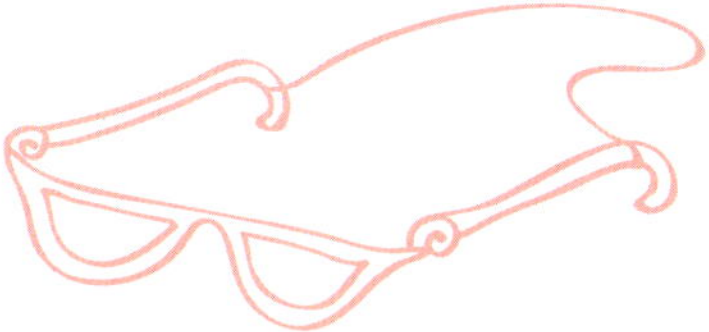

Die Stickvorlage zeigt das gesamte Stickmotiv. Die Stickerei über den Stickstoff auf den Filz sticken, anfeuchten und die Fäden ausziehen.

Den Pappstreifen laut Vorlage zuschneiden und 7,5 cm von der unteren Spitze entfernt mit dem Ausschnitt versehen. Mit dem Stoff bekleben, den Filzstreifen von hinten hinter den Ausschnitt kleben und die Öse in die obere Mitte des Lesezeichens schlagen.

Das Dekoband durch die Öse fädeln.

Täschchen

Die Kleinen werden das Täschchen lieben, und die Großen auch! Dank der niedlichen Fische ist es auf alle Fälle ein richtiger Hingucker!

* Zweigart Cashel in Weiß (Fb 100), 19 cm x 13 cm
* Filz in Babyblau, 19 cm x 13 cm * Stoff mit Streifen in Mint, 19 cm x 40 cm
* Stoff mit Rauten in Rosa, 24 cm x 40 cm (Innenfutter), 4 cm x 110 cm (Taschenumrundung) und 4 cm x 120 cm (Umhängebändel)
* Kordel in Babyblau, 11 cm lang * Knopf in Herzform in Mint, 1,5 cm
* Anchor Sticktwist in Weiß (Fb 1), Rosa (Fb 24), Rosarot (Fb 26), Dunkelpink (Fb 28), Rosé (Fb 48), Mint (Fb 185), Dunkeltürkis (Fb 188), Hellgrün (Fb 204), Dunkelbraun (Fb 380) und Gelbgrün (Fb 1043), je 1 Strang
* Sticknadel Nr. 22 ohne Spitze * Stickschere
* Sticktechnik: Kreuzstich 2-fädig über 2 Fäden *
* Motivgröße: 69 x 30 Stiche = ca. 12,5 cm x 5,5 cm *
* Vorlagenbogen A *

Die Stickerei über den Stickstoff auf den Filz sticken. Anschließend den Stoff anfeuchten und die Fäden ausziehen.

Die Filzplatte wird die Taschenklappe. Das Vorder- und Rückenteil laut Vorlage zusammenheften und die Tasche mit dem kürzeren Stoffstreifen zusammensteppen.

Für das Umhängebändel den längeren Stoffstreifen rechts auf rechts zusammennähen. Einen Faden an ein Ende nähen und damit das Ganze auf rechts ziehen. Dann das Bändel innen beidseitig an die Klappe nähen.

Die Kordel als Schlaufe hinter die Mitte der Taschenklappe nähen. Den Knopf annähen und die Tasche schließen.

Die fertige Tasche ist ca. 18 cm x 24 cm groß.

Hinweis: Bei den Stoffen und Dekobändern ist jeweils
die Grundfarbe angegeben, nicht die des Musters.

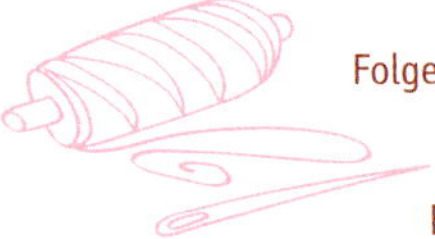

Folgende Materialien sollten Sie auf alle Fälle zur Hand haben:
* Schere * Bleistift * Lineal * Maßband

Ebenso benötigen Sie immer folgende Nähutensilien:
* farblich passendes Nähgarn * Nähnadel
* Stecknadeln * Nähmaschine * Bügeleisen

Die Nahtzugabe von 1 cm ist in der Vorlage jeweils enthalten.

Siegrun Boß-Kulbe ist Textildesignerin und lebt mit ihrer Familie in der Nähe von München. Sie arbeitet selbstständig für zahlreiche Ateliers, Verlage und Redaktionen sowie als freie Künstlerin. Neben dem Sticken ist sie auch eine Expertin in den Gebieten Filzen, Stricken und Quilten. Als Kind hat sie mit ihren Eltern und Geschwistern die Sommer auf der dänischen Insel Bornholm verbracht – und seitdem sind die langen Spaziergänge an der frischen Luft und das klare Licht des Nordens für sie zur idealen Vorstellung von Erholung geworden. In ihren Designs fängt sie diese ländliche Idylle ein und setzt sie auf kreative Art und Weise um.

Impressum

Wir danken den Firmen Coats (Kenzingen), Gütermann (Gutach) und
Knorr Prandell (Lichtenfels) für die freundliche Unterstützung mit Materialien.

Dieses Buch ist nicht einzeln verkäuflich, es ist Teil von TOPP 6716
(Kollektion Mittsommerland, ISBN 978-3-7724-6716-5)

ILLUSTRATIONEN: Ursula Schwab, Handewitt

FOTOS: frechverlag GmbH, 70499 Stuttgart; lichtpunkt, Michael Ruder, Stuttgart

PRODUKTMANAGEMENT: Eva-Barbara Hentschel

LEKTORAT: Redaktionsbüro Kim Marie Krämer, Leinfelden-Echterdingen

GESTALTUNG: Petra Theilfarth

Printed in China

Folgende Abkürzungen werden Sie in diesem Buch immer wieder finden:

Fb = Farbe(n)
feM = feste Masche(n)
Hilfsnd = Hilfsnadel
Lm = Luftmasche(n)
M = Masche(n)
Nd = Nadel(n)
Ndspiel = Nadelspiel
R = Reihe(n)
Rd = Runde(n)
Rdm = Randmasche(n)
Rückr = Rückreihe(n)
str = stricken
U = Umschlag/Umschläge
wdh = wiederholen

Hinweis: Bei den Stoffen und Dekobändern ist jeweils die Grundfarbe angegeben, nicht die des Musters.

Barbara Sander (Jahrgang 1977) reiste schon als Kind mit ihren Eltern häufig nach Skandinavien – und brachte von dort ihre Leidenschaft für skandinavisches Design und die skandinavische, freundliche Lebensart mit. Jetzt, als Erwachsene und nach ihrem Studium mit der Fachrichtung Textildesign, genießt sie es, diese Inspirationen in ihre eigenen Entwürfe einfließen zu lassen. Barbara Sander designt freiberuflich für verschiedene Buch- und Zeitschriftenverlage.

Impressum

Wir danken den Firmen Coats (Kenzingen) und Knorr Prandell (Lichtenfels) für die freundliche Unterstützung mit Materialien.

Dieses Buch ist nicht einzeln verkäuflich, es ist Teil von TOPP 6716 (Kollektion Mittsommerland, ISBN 978-3-7724-6716-5)

ILLUSTRATIONEN: Ursula Schwab, Handewitt

FOTOS: frechverlag GmbH, 70499 Stuttgart; lichtpunkt, Michael Ruder, Stuttgart

PRODUKTMANAGEMENT: Eva-Barbara Hentschel

LEKTORAT: Redaktionsbüro Kim Marie Krämer, Leinfelden-Echterdingen

GESTALTUNG: Petra Theilfarth

Printed in China

Strickschriften

Jacquardschal

Seite 16

- ■ = 1 M in Lila
- □ = 1 M in Leinen
- ■ = 1 M in Khaki

Bordüre 1

2. R

1. R

Bordüre 2

4. R
2. R
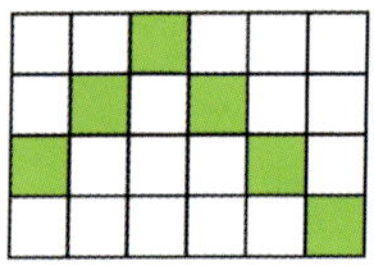
1. R

Bordüre 3

7. R
5. R
2. R

1. R

Handschuhe

Seite 20

- ■ = 1 M in Kirsche
- □ = 1 M in Natur
- ◣ = 2 M rechts zusammenstr

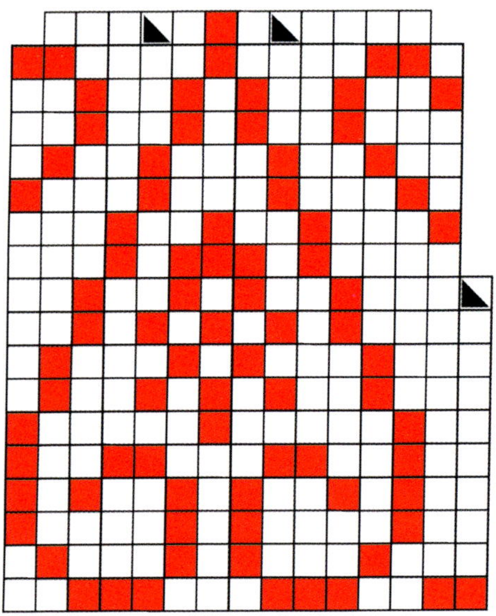

Beutelchen

Seite 14

- ■ = 1 M in Kirsche
- □ = 1 M in Leinen

Bordüre 1

2. Rd
1. Rd

Bordüre 2

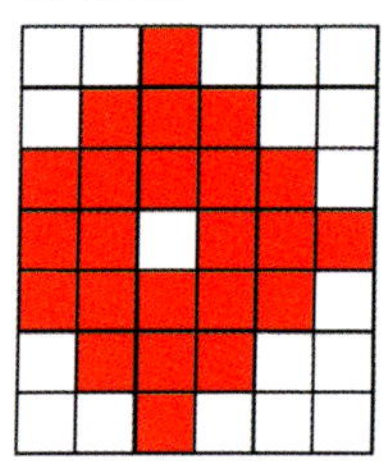
7. Rd
5. Rd
1. Rd

Weiter noch 26 Rd in der Mustereinteilung gerade hoch str, dann die Spitze arbeiten. In den Abnahmerd jeweils die 2. und 3. M der 2. und 4. Nd rechts überzogen zusammenstr, und jeweils die 2.- und 3.-letzte M der 1. und 4. Nd rechts zusammenstr. Nach jeder Abnahmerd 1 Rd gerade hochstr, bis noch 9 M auf jeder Nd sind, dann nur noch Abnahmerd arbeiten. Wenn nur noch 2 M auf jeder Nd sind, den Faden abschneiden und durch die M ziehen.

Die stillgelegten M für den Daumen wieder aufnehmen, aus jeder der 5 neu angeschlagenen M 1 M herausstr, auf 3 Nd verteilen und zur Rd schließen = 24 M. Glatt rechts in Natur str, dabei die 5 Spickel-M genauso wie zuvor auf 1 M reduzieren = 20 M. Noch 15 Rd str, dann in einer Rd fortlaufend jede 2. und 3. M rechts zusammenstr, noch 1 Rd rechts str, dann in einer Rd fortlaufend 2 M rechts zusammenstr. Die restlichen M mit dem Endfaden zusammenziehen.

Die Fäden vernähen. In Kirsche 1 R Zickzackstiche auf die Stulpe sticken.

Zwei Pompons mit ca. 3,5 cm Durchmesser in Kirsche und Natur arbeiten und an die Stulpe nähen.

Den zweiten Handschuh gegengleich arbeiten, also die ersten Zunahmen für den Daumenspickel vor und nach der 2. M der 4. Nd arbeiten.

Die fertigen Handschuhe haben die Größe M.

Handschuhe

Auch bei eisigen Temperaturen sorgen die selbstgestrickten Handschuhe für schön warme Hände. Und hübsch sind sie obendrein.

* Regia 6-fach in Natur (Fb 1992), 100 g, und Kirsche (Fb 2002), 50 g
* Nadelspiel 3,5 mm * Hilfsnadel
* Mit Nd 3,5 mm bei glatt rechts 22 M und 30 R = 10 cm x 10 cm *
* Strickschrift Seite 23 *

Glatt rechts: In Runden jede Rd rechts str.

Großes Perlmuster, gerade M-Zahl:
1. und 2. Rd: 1 M rechts, 1 M links im Wechsel str.
3. und 4. Rd: 1 M links, 1 M rechts im Wechsel str.
Die 1.–4. Rd fortlaufend wdh.

Jacquardmuster: siehe Strickschrift.

In Natur 60 M anschlagen, gleichmäßig auf 4 Nd verteilen und zur Rd schließen. 5 Rd rechte M str, in Kirsche 1 Rd rechte M str, dann in Natur weiterstr. 1 Rd linke M str, 6 Rd rechte M str, dann das Bündchen nach innen klappen, die Anschlagschlingen auf die Hilfsnd auffassen und jede M mit 1 Anschlagschlinge zusammenstr. 2 Rd rechte M str, dann nach der Strickschrift arbeiten = 48 M. Weiter in Natur noch 4 Rd rechte M, 1 Rd linke M, 4 Rd rechte M, 1 Rd linke M und 4 Rd rechte M str.

Ab der folgenden Rd die M folgendermaßen einteilen: 1. und 4. Nd glatt rechts, 2. und 3. Nd im großen Perlmuster str. Dabei für den Daumenspickel nach der 10. M und vor der letzten M der 1. Nd je 1 M rechts verschränkt aus dem Querdraht herausstr, dann 2 Zwischenrd ohne Zunahmen str. Weiter nach diesem Schema zunehmen, bis der Daumenspickel 19 M breit ist. Noch 1 Rd ohne Zunahmen str, dann die Spickel-M stilllegen und 5 M neu anschlagen. 1 Rd gerade hoch str, in der folgenden Rd über die 5 M wie folgt arbeiten: 2 M rechts überzogen zusammenstr, 1 M rechts, 2 M rechts zusammenstr. 1 Rd gerade hoch M str, in der folgenden M diese 3 M rechts zusammenstr = 48 M.

Dann im Strukturmuster in Leinen weiterstr. Nach 125 cm Gesamthöhe wieder Bordüre 1 str, dann 2 R im Grundmuster in Leinen, Bordüre 3, 2 R im Grundmuster in Leinen, Bordüre 1, 4 R im Grundmuster in Leinen, Bordüre 2, 4 R im Grundmuster in Leinen, Bordüre 1 und 2 R im Grundmuster. Noch 3 R linke M str, dabei in der letzten R die M gerade abketten.

Zur Fertigstellung den Schal spannen und unter einem feuchten Tuch trocknen lassen. Die Fäden vernähen.

Dann den Schal mit dem Stoff füttern: Dazu den Stoff und das gestrickte Schalteil rechts auf rechts legen und mit der Nähmaschine oder mit Handstichen an den Längskanten knapp neben der Rdm zusammennähen. Wenden.

Die Nähte mit viel Dampf bügeln. Die Nahtzugaben an den kurzen Kanten einschlagen, feststecken und mit Saumstichen schließen.

Der fertige Schal ist ca. 18 cm x 140 cm groß.

Jacquardschal

Wärmt und ist dank seiner Farben so neutral, dass er fast zu jeder Jacke passt. Ein idealer Begleiter durch kalte Wintertage.

* Schachenmayr Cotton Linen in Leinen (Fb 002), 150 g, Khaki (Fb 072) und Lila (Fb 049), je 50 g * Stoff mit Pünktchen in Beige, 20 cm x 140 cm
* Stricknadeln 3,5 mm
* Mit Nd 3,5 mm im Grundmuster 19 M und 28 R = 10 cm x 10 cm *
* Strickschrift Seite 23 *

Grundmuster:
Glatt rechts: Hinr rechte M, Rückr linke M str.

Jacquardmuster: siehe Strickschrift

Strukturmuster:
1. R: *1 M links, 5 M rechts, ab * fortlaufend wdh.
2. R: Linke M str.
3. R: Rechte M str.
4. R: Linke M str.
5. R: *3 M rechts, 1 M links, 2 M rechts, ab * fortlaufend wdh.
6. R: Linke M str.
7. R: Rechte M str.
8. R: Linke M str.

Die 1.–8. R fortlaufend wdh.

In Leinen 38 M anschlagen und 1 Rückr rechte M str. Dann 2 R rechte M str und weitere 2 R im Grundmuster arbeiten.

Die Bordüre 1 und anschließend 4 R im Grundmuster in Leinen str. Danach folgen Bordüre 2, 4 R im Grundmuster in Leinen, wieder Bordüre 1, 2 R im Grundmuster in Leinen, Bordüre 3, 2 R im Grundmuster in Leinen und noch einmal Bordüre 1.

Kuscheliges für kalte Tage

Skandinavien, das heißt nicht nur frische Luft und die tollsten Farben der Natur, sondern auch kalte Tage im Schnee. Für solche Tage bietet sich der Kuschelstrick in diesem Buch an, sowohl als modischer Begleiter wie auch als Wohnraumaccessoire. Warm eingehüllt geht es dann auf eine Schlittenfahrt, anschließend entspannen Sie auf der Couch – mit einem Buch, einem Glas Grog und angelehnt an einen wahren Kissenberg!

Beutelchen

Kleinigkeiten wie Knöpfe, Schlüssel oder Murmeln sind in diesem kleinen, gemusterten Beutelchen gut aufgehoben.

* Schachenmayr Cotton Linen in Leinen (Fb 002) und Kirsche (Fb 030), je 50 g
* Dekoband mit Jacquardmuster in Rot, 1 cm breit, 100 cm lang
* Nadelspiel 4 mm
* Mit Nd 4 mm bei glatt rechts 19 M und 28 R = 10 cm x 10 cm *
* Strickschrift Seite 23 *

Glatt rechts: In Runden jede Rd rechts str.

Noppe: Aus 1 M 1 M links, 1 M rechts, 1 M links, 1 M rechts, 1 M links herausstr, dann wenden, 5 M links str, wenden, 5 M rechts, dann nacheinander die 1.–4. M über die 5. M ziehen.

Jacquardmuster: siehe Strickschrift.

60 M in Leinen anschlagen, gleichmäßig auf die Nd verteilen und zur Rd schließen.
1. Rd: Linke M str.
2. Rd: *5 M re, 1 Noppe, ab * wdh.
3. Rd: Linke M str.
4. Rd: Rechte M str.
5. Rd: Linke M str.
6. Rd: *2 M rechts zusammenstr, 1 Umschlag, 2 M rechts, ab * wdh.
7.–10. Rd: Rechte M str.
11. Rd: Linke M str.
12.–13. Rd: Rechte M str.
14.–15. Rd: Bordüre 1 str.
16.–17. Rd: Rechte M str.
18. Rd: Linke M str.
19. Rd: Rechte M str.
20.–26. Rd: Bordüre 2 str.
27.–29. Rd: Rechte M str.
30. Rd: Linke M str.
31. Rd: Rechte M str.
32.–33. Rd: Bordüre 1 str.
34.–35. Rd: Rechte M str.
36. Rd: Linke M str.
37. Rd: Rechte M str.
38.–45. Rd: Bordüre 1 str.

Alle M gerade abketten.

Den Beutel an der unteren Kante zusammennähen und das Band mit dem Jacquardmuster durch die Loch-R ziehen.

Das fertige Beutelchen ist ca. 12 cm x 15 cm groß.

Mit Blockstreifen

* Schachenmayr Punto in Natur mouliné (Fb 002), Cyclam (Fb 037) und Feuer (Fb 032), je 50 g
* Stoff mit Muster in Weiß, 45 cm x 45 cm
* Kissenfüllung, 40 cm x 40 cm
* Reißverschluss in Weiß, 30 cm lang
* Stricknadeln 4 mm
* Mit Nd 4 mm im Grundmuster 18 M und 26 R = 10 cm x 10 cm *

Grundmuster:
Glatt rechts: Hinr rechte M, Rückr linke M str.

Streifenfolge: 4 R Natur mouliné, 6 R Feuer, 2 R Natur mouliné, 4 R Cyclam, 4 R Natur mouliné und 2 R Feuer.

74 M in Natur mouliné anschlagen und im Grundmuster str, dabei die Streifenfolge einhalten und fortlaufend wdh. In 40 cm Höhe die M gerade abketten.

Den Stoff für den Kissenrücken mit Zickzackstich versäubern und vor der weiteren Verarbeitung bei 40 °C waschen. Den Reißverschluss einsetzen, dann die drei offenen Seiten schließen.

8. R (Feuer): Rdm, * 2 M wie zum Linksstr abheben, dabei den Faden vor der Arbeit führen, 2 M links, ab * fortlaufend wdh, enden mit 2 M abheben, Rdm.
9. und 11. R (Natur mouliné): Rechte M str.
10. und 12. R (Natur mouliné): Linke M str.

Beim Abheben der M darauf achten, den Faden locker weiterzuführen!

76 M in Natur mouliné anschlagen und 7 cm im Grundmuster str.

Dann 1x die 1.–12. R und 1x die 1. und 2. R des Hebemaschenmusters str. Weiter 18 R im Grundmuster in Natur mouliné str. Wieder einen Streifen im Hebemaschenmuster str, dabei 1x die 1.–12. R und 1x die 1. und 2. R str. 18 R im Grundmuster in Natur mouliné str, dann einen weiteren Streifen im Hebemaschenmuster arbeiten, dabei 1x die 1.–12. R und 1x die 1. und 2. R str. Noch 7 cm in Natur mouliné im Grundmuster str, dann in 40 cm Höhe die M gerade abketten.

Den Stoff für den Kissenrücken mit Zickzackstich versäubern und vor der weiteren Verarbeitung bei 40 °C waschen. Den Reißverschluss einsetzen, dann die drei offenen Seiten schließen.

Mit dezentem Muster

* Schachenmayr Punto in Natur mouliné (Fb 002), 100 g, Cyclam (Fb 037) und Feuer (Fb 032), je 50 g
* Stoff mit Blümchen in Rot, 45 cm x 45 cm
* Kissenfüllung, 40 cm x 40 cm
* Reißverschluss in Weiß, 30 cm lang
* Stricknadeln 4 mm
* Mit Nd 4 mm im Grundmuster 18 M und 26 R = 10 cm x 10 cm *

Grundmuster:
Glatt rechts: Hinr rechte M, Rückr linke M str.

Hebemaschenmuster, M-Zahl teilbar durch 4:
1. R (Cyclam): Rdm, * 2 M rechts, 2 M wie zum Rechtsstr abheben, dabei den Faden hinter der Arbeit führen, ab * fortlaufend wdh, enden mit 2 M rechts, Rdm.
2. R (Cyclam): Rdm, * 2 M links, 2 M wie zum Linksstr abheben, dabei den Faden vor der Arbeit führen, ab * fortlaufend wdh, enden mit 2 M links, Rdm.
3. und 5. R (Natur mouliné): Rechte M str.
4. und 6. R (Natur mouliné): Linke M str.
7. R (Feuer): Rdm, * 2 M wie zum Rechtsstr abheben, dabei den Faden hinter der Arbeit führen, 2 M rechts, ab * fortlaufend wdh, enden mit 2 M abheben, Rdm.

Kissenhüllen

Genau das Richtige für gemütliche Kuschelstunden auf dem Sofa. Der Clou: Die Vorderseite der Kissen ist gestrickt, die Rückseite besteht aus einem gemusterten Stoff.

Mit Fransen

* Schachenmayr Punto in Natur mouliné (Fb 002), 100 g, Cyclam (Fb 037), Feuer (Fb 032) und Traube (Fb 049), je 50 g oder Reste * Stoff mit Muster in Rosa, 45 cm x 45 cm * Kissenfüllung, 40 cm x 40 cm * Reißverschluss in Weiß, 30 cm lang * Stricknadeln 4 mm * Stopfnadel ohne Spitze * Mit Nd 4 mm im Grundmuster 18 M und 26 R = 10 cm x 10 cm *

Grundmuster, M-Zahl teilbar durch 4 + 2 M:
1. R: Rechte M str.
2. R: Linke M str.
3. R: Rdm, *1 M links, 3 M rechts, ab * fortlaufend wdh, Rdm.
4., 6. und 8. R: Linke M str.
5. und 7. R: Rechte M str.
9. R: Rdm, * 2 M rechts, 1 M links, 1 M rechts, ab * fortlaufend wdh, Rdm.
10. und 12. R: Linke M str.
11. R: Rechte M str.
Die 1.–12. R fortlaufend wdh.

74 M in Natur mouliné anschlagen und im Grundmuster str. In 40 cm Höhe die M gerade abketten.

In die linken M auf der Vorderseite des Grundmusters die kleinen Fransen einarbeiten. Dafür einen Faden in Schmuckfarbe in die Stopfnadel einfädeln, den Faden durchziehen und einen doppelten Knoten machen. Fest anziehen. Den Faden ca. 8 mm lang abschneiden. Dabei die Fransen in jeder 3. R des Grundmusters abwechselnd in Cyclam und Traube und in jeder 9. R des Grundmusters in Cyclam und Feuer arbeiten.

Den Stoff für den Kissenrücken mit Zickzackstich versäubern und vor der weiteren Verarbeitung bei 40 °C waschen. Den Reißverschluss einsetzen, dann die drei offenen Seiten schließen.

Tasche im Flechtmuster

Ein praktischer und hübscher Wegbegleiter ist die selbst gestrickte Tasche in Flecht-Optik. Hier finden Geldbeutel, Handy und Taschentücher ihren Platz.

* Schachenmayr Cotton Linen in Leinen (Fb 002), 200 g, Kirsche (Fb 030), Lila (Fb 049) und Rosa (Fb 035), je 50 g
* Knopf in Blütenform in Rot, ø 3,5 cm
* Stricknadeln 4 mm * Häkelnadel 3,5 mm
* Im Grundmuster mit Nd 4 mm 30 M und 44 R = 10 cm x 10 cm *

Grundmuster, gerade M-Zahl:
1. R: Rdm, * 1 M rechts, 1 M wie zum Linksstr abheben, dabei den Faden vor der M führen, ab * fortlaufend wdh, Rdm.
2. R: Rdm, * die abgehobene M der Vor-R links str, 1 M wie zum Linksstr abheben, dabei den Faden hinter der M führen, ab * fortlaufend wdh, Rdm.

Die 1. und 2. R fortlaufend wdh.

Streifenfolge: 8 R Leinen, 4 R Kirsche, 2 R Rosa, 6 R Leinen und 2 R Lila.

Für die Taschenvorderseite 86 M in Leinen anschlagen und im Grundmuster str, dabei die Streifenfolge einhalten. In jeder 6. R beidseitig 15x 1 M abnehmen. In 21 cm Höhe (4 Rapporte + 8 R Leinen) die M abketten. Die Taschenrückseite genauso str.

Taschenboden und -henkel werden in einem Stück gestrickt. Dafür 386 M in Leinen anschlagen und im Grundmuster str. In 8 cm Höhe alle M gerade abketten.

Das Boden- und Henkelteil zum Ring zusammennähen und seitlich an die Taschenteile nähen. Dabei darauf achten, dass die Quernaht in der unteren Mitte liegt. Den Knopf annähen.

In Kirsche 26 Lm häkeln, 1 R feM häkeln, zur Schlaufe legen und mit einer Kett-M schließen. Die Schlaufe an der Tascheninnenseite annähen.

Die fertige Tasche ist ca. 28 cm x 20 cm groß.

Netzschal

Ein luftiges Accessoire, das perfekt zu der Sommermode im maritimen Stil passt. Sie werden diesen Schal lieben!

* Schachenmayr Cotton Linen in Leinen (Fb 002), 150 g, Kirsche (Fb 030), Lila (Fb 049) und Rosa (Fb 035), je 50 g * Stricknadeln 4 mm * Im Grundmuster mit Nd 4 mm 16 M und 24 R = 10 cm x 10 cm *

Grundmuster, ungerade M-Zahl:
1. R (Rückr): Linke M str.
2. R: Rdm, 1 M rechts, * 1 U, 2 M rechts zusammenstr, ab * fortlaufend wdh, Rdm.
3. R: Rdm, 1 M links, * 1 U, 2 M links zusammenstr, ab * fortlaufend wdh, Rdm.

Die 2. und 3. R fortlaufend wdh.

Streifenfolge: 1 R Lila, 3 R Leinen, 2 R Kirsche, 1 R Rosa, 3 R Leinen.

Der Schal wird quer gestrickt. In Leinen 287 M anschlagen und im Grundmuster str. In der 6. R mit der Streifenfolge beginnen und diese insgesamt 5x str. Beim Farbwechsel die Fäden in ca. 20 cm Länge abschneiden, beim Ansetzen der neuen Farbe ebenfalls den Faden 20 cm lang hängen lassen. Noch 1 R in Leinen str, dann in der folgenden R die M besonders locker abketten.

Zur Fertigstellung jeweils drei Fäden an den schmalen Kanten zusammen fest verknoten.

Der fertige Schal ist ca. 190 cm lang und 18 cm breit.

Liebe Leserinnen und Leser,

der skandinavische Lebensstil beinhaltet nicht nur unbeschwerte Sommertage in einer herrlichen Landschaft und das Sammeln von Preiselbeeren, sondern auch kalte, verschneite Tage, an denen man sich zuhause am liebsten einkuschelt und es sich bei einem Grog oder einer heißen Schokolade so richtig schön gemütlich macht.

Perfekt dazu passen die hübschen Strickaccessoires in nordisch-klaren Farben, wie zum Beispiel warme Schals, originelle Taschen oder Kissenhüllen mit gestrickter Vorderseite und einer Rückseite aus dekorativen Musterstoffen.

Greifen Sie zu Stricknadeln und Wolle und genießen Sie schöne, erholsame Stunden mit Ihrem Hobby.

Ihre

Barbara Sander

Barbara Sander

Stricken

Kollektion Mittsommerland

Helga Altmayer

Collagen

Kollektion Mittsommerland

Liebe Leserinnen und Leser,

erinnern Sie sich noch an die Bücher Ihrer Kindheit von Astrid Lindgren, in denen Pippi, Lotta oder Michel mit ihren verrückten Ideen alles auf den Kopf stellten? An die Beschreibungen der kleinen Dörfer und Städte mit ihren Holzhäuschen, an die frische Luft und das Sammeln von Blau- und Preiselbeeren?

Dieses nordische Lebensgefühl, welches sich im Design durch klare Farben und einen harmonischen Mustermix auszeichnet, können Sie jetzt in Bildern in Ihr Zuhause holen. Ich habe für meine Bilder hübsch gemusterte Stoffe mit Dekobändern und aufgemalten, einfachen Elementen kombiniert. Auf diese Art und Weise entstehen wunderschöne, stimmungsvolle Bilder für Ihr Zuhause. Willkommen in Mittsommerland.

Ihre

Helga Altmayer

Vögelchen

Schlicht, aber dennoch wirkungsvoll: Die Vögelchen präsentieren sich in einem Rahmen im Mustermix.

* Keilrahmen, 30 cm x 40 cm * Stoff mit Blümchen in Hellblau, 17 cm x 25 cm * Stoff mit Pünktchen in Hellblau, 4 cm x 20 cm * Stoff mit Streifen in Hellblau, 4 cm x 20 cm * Dekoband mit Blümchen in Hellblau, 1 cm breit, 80 cm lang * Dekoband mit Streifen in Blau, 1 cm breit, 100 cm lang * Zackenlitze in Beige, 120 cm lang * Acrylfarbe in Ultramarin, Weiß und Chinacridon Rot * wasserfeste Filzstifte in Rot und Schwarz * wasserfester Gelstift in Weiß * doppelseitige Klebefolie, ca. 25 cm x 30 cm * Vorlagenbogen B *

Weiß mit Ultramarin zu einem hellen Pastellblau mischen. Mit der Schaumstoffwalze den Keilrahmen grundieren. Den Vorgang nach dem Trocknen wiederholen.

Die Motive auf den Keilrahmen übertragen, dabei die Pünktchen und Kreise auf den Vögeln sowie die Ornamente auf den Häuschen aussparen. Mit Weiß die Vögel, Blumen und Hausdächer kolorieren und trocknen lassen. Den Vorgang wiederholen.

Weiß und Ultramarin zu Mittelblau mischen und die Ränder, Flügel und Schnäbel der Vögel sowie die Vogelhäuschen damit ausmalen. Die Ornamente der Häuschen übertragen. Mit Chinacridon Rot die vorgesehen Muster ausmalen. Die Einfluglöcher der Häuschen und die Augen der Vögel mit schwarzem Filzstift aufmalen. Danach mit rotem Filzstift die Pünktchen und Kreise der Vögel aufsetzen. Mit weißem Gelstift die Umrisse der Häuschen nachziehen und die restlichen Pünktchen und Striche aufzeichnen.

Den Blümchenstoff auf die Klebefolie aufziehen. Zwei 9 cm x 16,5 cm und zwei 3,5 cm x 9 cm große Streifen mit dem Phantomstift anzeichnen und ausschneiden. Danach den Pünktchen- und den Streifenstoff auf die Folie kleben und je zwei 3,5 cm x 9 cm große Streifen ausschneiden.

Die Blümchenstoffe jeweils in der Mitte des Keilrahmens und 5 cm vom Rand entfernt aufkleben. Anschließend am oberen und unteren Rand, in einem Abstand von 5 cm, je einen gestreiften und gepunkteten Stoff anbringen.

Die Zackenlitze aufkleben, dann das Dekoband mit den Blümchen und anschließend das gestreifte. Dabei die Stoffe und die Bänder immer um den Rand des Keilrahmens kleben.

Geflügeltes Herz

Ein Herz sagt häufig mehr als tausend Worte, besonders dann, wenn es mit Rosen zusammen auftritt.

* Keilrahmen, 40 cm x 30 cm * ovale Malpappe, 25 cm x 20 cm * Stoff mit Muster in Beige, 50 cm x 16 cm * Stoff mit Pünktchen in Beige, 10 cm x 16 cm * Dekoband mit Streifen und Pünktchen in Beige, 1 cm breit, 100 cm lang * Dekoband mit Pünktchen in Rosa, 1 cm breit, 100 cm lang * Zackenlitze in Beige, 150 cm lang * Zackenlitze in Rosa, 35 cm lang * selbstklebendes Blümchenband in Beige, 10 cm lang * Acrylfarbe in Weiß, Persischrosa, Vanadiumgrün und Umbra gebrannt natur * wasserfester Gelstift in Weiß * doppelseitige Klebefolie, ca. 60 cm x 17 cm * Vorlagenbogen B *

Weiß und Umbra gebrannt natur zu einem Beigeton mischen. Mithilfe der Schaumstoffwalze den Keilrahmen gleichmäßig grundieren, dabei die Ränder nicht vergessen. Nach dem Trocknen wiederholen.

Nun das Motiv ohne die kleinen Röschen von der Vorlage auf die ovale Malpappe übertragen. Den Beigeton des Keilrahmens mit etwas Weiß aufhellen und damit die Malpappe kolorieren, dabei das Herz und den Rand aussparen. Gut trocknen lassen. Die kleinen Blümchen sowie die große Rose auf die Malpappe übertragen und mit Persischrosa anmalen. Die Blätter der Rose in Vanadiumgrün anlegen. Damit es gut deckt, nochmals wiederholen. Nach dem Trocknen die Umrisse der Blumen mit dem weißen Gelstift nachziehen.

Den Stoff mit dem Muster auf die doppelseitige Klebefolie aufziehen. Darauf achten, dass sich der Stoff nicht verzieht. Einen 50 cm x 15 cm großen Streifen abmessen, mit dem Phantomstift anzeichnen und ausschneiden. Danach die Flügel übertragen und ausschneiden.

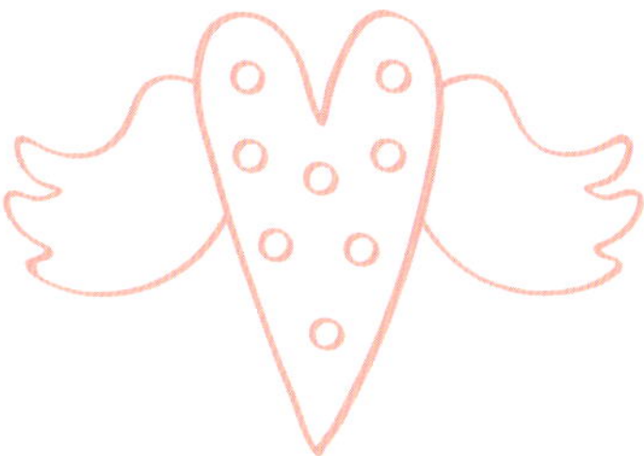

Den Stoffstreifen mit Muster in Beige mit 7,5 cm Abstand vom unteren Rand auflegen und um den Keilrahmen kleben. Dekoband auf die obere und untere Kante des Stoffstreifens kleben und ebenfalls um den Keilrahmen fixieren. Dabei wird das Dekoband einmal mit der Vorder- und einmal mit der Rückseite nach oben zeigend aufgeklebt. Die Zackenlitze mit 1,5 cm Abstand zum oberen und unteren Keilrahmenrand befestigen. Danach das Dekoband in Rosa festkleben. Vom selbstklebenden Blümchenband sieben Blüten abschneiden und oben verteilt aufkleben.

Nun die Flügel befestigen. Um das Herz mithilfe eines Zahnstochers etwas Bastelkleber auftragen und die Zackenlitze in Rosa befestigen. Die Malpappe mit reichlich Bastelkleber in der Mitte des Keilrahmens fixieren.

Rankenband

Dank dieses kleinen Helfers gehen Haarspangen & Co. nicht so schnell verloren. Aber auch ohne solchen Schmuck wirkt das Bild ausgesprochen liebevoll und charmant.

* Keilrahmen, 20 cm x 50 cm * Stoff mit Muster in Rot, 12 cm x 60 cm * Dekoband mit Blumen in Rot, 2,5 cm breit, 200 cm lang * Dekoband mit Muster in Weiß, 1 cm breit, 120 cm lang * Glasperle in Rot-Weiß, ø 1,5 cm * 4 kleine Glasperlen in Rot, ø 5 mm * Quaste in Rot, 3 cm lang * Acrylfarbe in Hellrosa, Persischrosa und Karminrot * Reißnagel * doppelseitige Klebefolie, ca. 12 cm x 60 cm * Vorlagenbogen B *

Den Keilrahmen mit der Schaumstoffwalze in Hellrosa grundieren. Trocknen lassen und wiederholen, falls der Farbton nicht gleichmäßig ist.

Das Rankenmotiv von der Vorlage auf den Keilrahmen übertragen. In Persischrosa die Blätter und Stängel ausmalen. Persischrosa mit etwas Karminrot mischen und die Pünktchen damit auftupfen.

Den Stoff auf die doppelseitige Klebefolie aufziehen, einen 10 cm breiten Streifen aufzeichnen und abschneiden. Den Stoff in der Mitte des Keilrahmens anbringen und um die Kanten kleben. Mit dem schmalen Dekoband die Stoffränder verzieren.

Von dem breiten Dekoband 60 cm abschneiden und auf der Rückseite des Rahmens oben mittig festkleben. Zur Sicherheit einen Reißnagel durch das Band in den Rahmen drücken. Auf die Quaste die Glasperlen (erst zwei kleine, dann die große und anschließend wieder zwei kleine) auffädeln, das Ende des Bandes durch die Schlaufe der Quaste legen und festkleben, sodass das Band mit dem Keilrahmen abschließt. Aus dem Rest des Bandes eine Schleife binden und die Bandenden umkleben, damit diese nicht ausfransen. Die Schleife oben mit Bastelkleber befestigen.

Stimmungs-collagen

Alle Erinnerungen hinterlassen in unserem Kopf eine Art Stimmungs-collage, zusammengesetzt aus Bildern, Düften, Erlebnissen & mehr. Diese Bilder fangen nordisches Design, Kindheitserlebnisse aus Urlauben in Skandinavien sowie Sequenzen aus Pippi-Büchern auf ihre Art und Weise in ganz besonderen Collagen ein, gearbeitet aus Stoffen, Dekobändern und Farbe. Lassen Sie sich von ihrer fröhlichen Unbeschwertheit begeistern.

Bäumchen & Häuschen

Herzlich willkommen in Mittsommerland! Dieses Bild eignet sich besonders gut für den Eingangsbereich oder als kleines Mitbringsel nach dem Umzug.

* Malpappe, 24 cm x 18 cm * Stoff mit Blümchen in Hellblau, 10 cm x 17 cm * Stoff mit Muster in Weiß, 14 cm x 12 cm * Dekoband mit Blümchen in Hellblau, 1 cm breit, 100 cm lang * Zackenlitze in Beige, 60 cm lang * Zackenlitze in Rosa, 15 cm lang * Acrylfarbe in Hellrosa, Karminrot, Himmelblau und Weiß * wasserfester Filzstift in Rot * Vogel-Dekoknopf in Blau, 1,5 cm hoch * doppelseitige Klebefolie, ca. 20 cm x 15 cm * Vorlagenbogen B *

Zuerst die Malpappe mit der Schaumstoffwalze in Hellrosa grundieren. Trocknen lassen und wiederholen, um einen deckenden Farbauftrag zu erzielen.

Das Motiv von der Vorlage auf die Malpappe übertragen. Hellrosa mit wenig Karminrot zu einem dunkleren Rosa mischen. Es sollte sich vom Hintergrund abheben, aber nicht zu dunkel sein. Den gesamten Halbkreis und die Dächer damit kolorieren. Den Rest der Häuschen in Himmelblau anmalen, die Türen dabei jedoch aussparen. Die Sterne, den Zaun, die Blumenstängel und die Pünktchen auf den Dächern in Weiß anlegen. Dazu mit der Kante des Flachpinsels Nr. 12 bzw. mit dem Rundpinsel Nr. 2 das Weiß auftupfen. Damit das Weiß gut deckt, nochmals wiederholen.

Die Halbkreise, Bäume, Häuser und Blumen auf die dafür vorgesehenen Stoffe übertragen und grob ausschneiden. Die Teile locker auf die doppelseitige Klebefolie aufziehen, sodass der Stoff sich nicht verzieht. Dann die Motive sorgfältig ausschneiden und auf die entsprechenden Stellen kleben. Gut andrücken.

Die Zackenlitze in Rosa am unteren Rand der Bäumchen aufkleben. Dazu mit dem Zahnstocher eine dünne Linie Bastelkleber auftragen und kurz antrocknen lassen. Ebenso mit dem Zackenlitze in Beige, welches die Halbkreise verziert, verfahren.

Ein 30 cm langes Stück vom Dekoband abschneiden und unten aufkleben. Dabei die Bandenden um den Rand der Malpappe schlagen und hinten festkleben. Das Reststück an einer Seite festkleben, in der Mitte zu einer Schlaufe legen und dann auf der anderen Seite befestigen. Auch hier die Bandenden um die Malpappe kleben.

Das Vögelchen auf der Mitte der Schlaufe befestigen und den Kreuzungspunkt der Schlaufe miteinander verkleben. Zum Schluss die roten Pünktchen mit dem Filzstift aufmalen.

So bleibt der Klebstoff unsichtbar: Bei schmalen Bändern und Zackenlitze trage ich den Klebstoff mit einem Zahnstocher auf und lasse ihn kurz anziehen, bevor ich das Band aufklebe. Bei breiteren Dekobändern empfiehlt es sich, den Kleber zu verstreichen, damit er nicht durchschlägt.

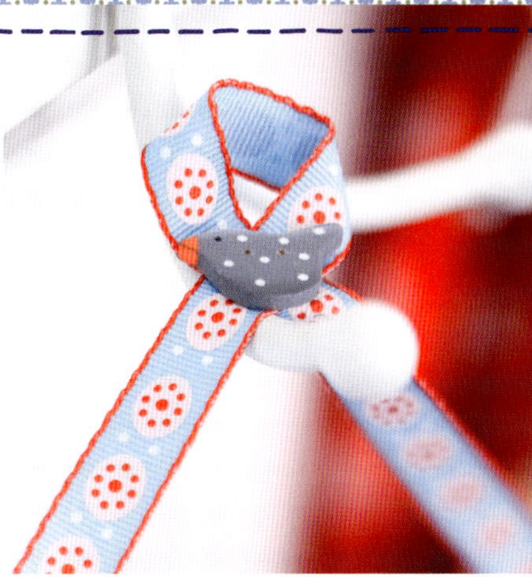

Krönchen

Eine hübsche Idee für kleine Prinzessinnen. Dank der dezenten Farben wirkt das Modell trotzdem königlich und edel.

* Keilrahmen, 24 cm x 18 cm * 3 Malpappen, 15 cm x 10 cm * Stoff mit Streifen und Muster in Blaugrün, 15 cm x 30 cm * 3 Stoffreste mit unterschiedlichen Mustern in Blaugrün, jeweils 4,5 cm x 7,5 cm * Zackenlitze in Rosa, 30 cm lang * Dekoband mit Streifen in Pink, 1 cm breit, 60 cm lang * Dekoband mit Muster in Blaugrün, 1 cm breit, 27 cm lang * selbstklebendes Blümchenband in Hellrosa, 10 cm lang * gewachste Baumwollkordel in Pink, ø 1 mm, 45 cm lang * 3 Wäscheknöpfe aus Baumwolle in Weiß, ø 1,4 cm * Acrylfarbe in Hellrosa und Chinacridon Rot * doppelseitige Klebefolie, ca. 16 cm x 40 cm * Vorlagenbogen B *

Den Keilrahmen und die Malpappen mit der Schaumstoffwalze hellrosa grundieren, dabei die Ränder nicht vergessen. Nach dem Trocknen wiederholen. Die Farbe mit etwas Wasser verdünnen und die Wäscheknöpfe damit anmalen.

Die größeren Kronen auf die Malpappen übertragen. Hellrosa mit wenig Chinacridon Rot zu einem Pinkton mischen und die Krönchen damit ausmalen.

Den gestreiften Stoff auf die doppelseitige Klebefolie aufkleben. Einen 14 cm x 30 cm großen Streifen anzeichnen und ausschneiden. Den Stoff mittig auf den Keilrahmen aufziehen und um die Ränder kleben. Gut feststreichen. Die Stoffkanten oben und unten mit dem gestreiften Dekoband verzieren.

Von dem selbstklebenden Blümchenband zehn Blümchen abschneiden und jeweils fünf Blüten unter und über dem Dekoband in gleichmäßigem Abstand aufkleben. Aus der Baumwollkordel zwei kleine Schleifchen binden und in der Mitte des Dekobandes befestigen.

Die kleinen Krönchen auf die unterschiedlichen Stoffreste übertragen und grob ausschneiden. Die Stoffe auf die doppelseitige Klebefolie kleben und ausschneiden. Die Krönchen mittig auf die Kronen auf den Malpappen aufkleben. In zwei Reihen die Zackenlitze am unteren Rand der Kronen aufkleben. Das blaugrüne Dekoband einmal mit der Vorder- und einmal mit der Rückseite oben 4 mm vom unteren Rand der Malpappen entfernt befestigen und um die Kanten kleben. Die Wäscheknöpfe jeweils in der Mitte des Bandes fixieren. Die Malpappen auf den Keilrahmen kleben.

Lustige Pilze

Dank der Farbkombination Rot-Weiß wirkt dieses Motiv nordisch frisch und klar. Ein hübscher Hingucker in jeder Küche!

* Keilrahmen, 4 cm stark, 50 cm x 20 cm * Stoff mit Pünktchen in Rot, 10 cm x 40 cm * Stoff mit Blümchen in Weiß, 50 cm x 20 cm * Stoffreste in Weiß * Zackenlitze in Rosa, 350 cm lang * 2 verschiedene Spitzenbänder in Weiß, 1 cm bzw. 1,5 cm breit, je 50 cm lang * Band mit Karomuster in Rot, 1 cm breit, 75 cm lang * 3 selbstklebende Blümchen in Rot, ø 9 mm * Acrylfarbe in Cadmiumrot * wasserfester Gelstift in Weiß * wasserfester Filzstift in Rot * 3 nylonbeschichtete Rundhaken in Weiß, 6,5 cm lang * doppelseitige Klebefolie, ca. 32 cm x 50 cm * Vorlagenbogen B *

Zuerst den Keilrahmen mit der Schaumstoffwalze in Cadmiumrot grundieren. Nach dem Trocknen wiederholen.

Die Blümchenbordüre von der Vorlage auf den Keilrahmen übertragen und mit dem weißen Gelstift nachzeichnen.

Den gepunkteten Stoff auf der Klebefolie befestigen, die Pilzhüte von der Vorlage auf den Stoff übertragen und ausschneiden. Ebenso mit den Pilzstielen auf dem weißen Stoff verfahren. Den geblümten Stoff auf die Klebefolie aufziehen, ein 16,5 cm x 46 cm großes Rechteck anzeichnen und ausschneiden. Dieses Rechteck mittig auf den Keilrahmen kleben. Danach die Pilze positionieren.

Um jeden Pilz Zackenlitze kleben. Dazu mit dem Zahnstocher Bastelkleber auftragen und kurz antrocknen lassen. Die Stoffkanten des geblümten Stoffs oben und unten mit den Spitzenbändern verzieren, die Seitenränder werden mit der Zackenlitze beklebt.

Die roten Blümchen aufkleben.

Auf die Rundhaken mit dem wasserfesten Filzstift in Rot kleine Pünktchen aufmalen und gut trocknen lassen. Die Haken werden unten in die Seitenkante des Keilrahmens geschraubt, und zwar jeweils 3,5 cm vom linken bzw. rechten Seitenrand entfernt sowie in die Mitte. Das Karoband in drei 25 cm lange Stücke schneiden und um jeden Haken eine kleine Schleife binden. Mit einem Tupfen Bastelkleber die Schleifen fixieren.

Nun noch die Enden der Schleifen umkleben. Dazu den Bastelkleber erst etwas antrocknen lassen, so hält er schneller. Das sorgt dafür, dass die Bandenden nicht ausfransen.

Materialien & Werkzeuge

Folgende Materialien und Hilfsmittel werden für alle Bilder in diesem Buch benötigt:

* Bleistift, Phantomstift, Klebefilm, (helles) Kopierpapier und Fotokarton zum Übertragen und Fixieren von Vorlagen

* Bastelkleber * Schere

* Lineal zum Abmessen von Stoffstreifen und um gerade Linien zu ziehen, die das Abschneiden erleichtern

* Zahnstocher und Holzspatel (Eisstiel) zum Auftragen des Klebstoffs auf die Bänder

* Acrylfarben sind in verschiedenen Qualitäten erhältlich (Künstler-, Studien- und Hobbyfarben). Es gibt sie in etwas flüssigerer Konsistenz in der Flasche oder pastoser in der Tube

* Keilrahmen und Malpappen gibt es in verschiedenen Größen und Formen. Sie sind bereits mit Leinwand bespannt bzw. kaschiert und grundiert und können direkt bemalt werden

* Stoffe und Dekobänder sind in vielen verschiedenen Farben und Mustern beim Kurzwaren- und Bastelbedarf erhältlich

* doppelseitige Klebefolie zum Aufbringen der Stoffmotive auf den Bildern

* Schaumstoffwalze, 6 cm breit, zum gleichmäßigen Grundieren der Keilrahmen und Malpappen

* Flachpinsel Nr. 2, 4, 8 und 12 aus Synthetikhaar für das Malen der Motive und das Ausarbeiten von Details (insb. Flächen)

* Rundpinsel Nr. 2 aus Synthetikhaar für das Malen der Motive und das Ausarbeiten von Details (insb. Korrekturen und Linien)

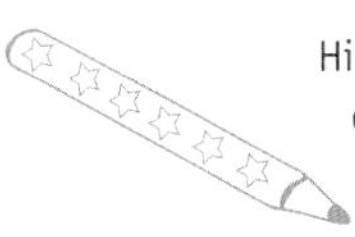

Hinweis: Bei den Stoffen und Dekobändern ist jeweils die Grundfarbe angegeben, nicht die des Musters.

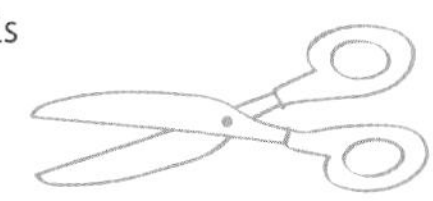

So wird's gemacht

Vorlagen auf Keilrahmen übertragen

Für das Übertragen von Vorlagen auf Leinwand eignet sich am besten (helles) Kopierpapier. Dazu das Kopierpapier mit der beschichteten Seite nach unten auf den Keilrahmen legen. Dann die Vorlage darüber platzieren und das Ganze mit Klebefilm fixieren, damit nichts verrutschen kann. Schließlich die Linien mit Bleistift oder Buntstift nachfahren. So überträgt sich das Motiv auf die Leinwand.

Vorlagen auf Stoff übertragen

Die Motive von der Vorlage mithilfe von Kopierpapier auf Fotokarton übertragen und ausschneiden. Diese Schablone auf den Stoff legen und mit dem Phantomstift umfahren. Die Linien des Stiftes verschwinden nach einer gewissen Zeit von allein und hinterlassen keine störenden Rückstände.

Stoff auf doppelseitiger Klebefolie fixieren

Doppelseitige Klebefolie ist als Meterware erhältlich. Sie ermöglicht ein faltenfreies Aufkleben der Stoffe und verhindert, dass die Kanten ausfransen. Zudem gibt es kein hässliches Durchschlagen des Klebers. Zuerst das Motiv mit Stoffzugabe grob ausschneiden. Dieses dann auf die Klebefolie aufziehen und exakt ausschneiden. Die Schutzfolie immer erst nach dem Ausschneiden der Motive abziehen.

Bänder aufkleben

Bei schmalen Bändern und Zackenlitze den Bastelkleber dünn mit dem Zahnstocher auftragen, kurz antrocknen lassen und dann erst das Band befestigen. Er klebt so schneller. Bei breiten Bändern einen Holzspatel (Eisstiel) zu Hilfe nehmen, damit den Kleber verstreichen, etwas antrocknen lassen und dann die Bänder aufkleben.

Stoffe und Bänder um die Ränder der Keilrahmen kleben

Die Bänder und Stoffe immer um die Keilrahmen kleben, weil die Bilder dann schöner und sauberer aussehen (es sei denn, es ist anders angegeben). Deshalb muss immer etwas mehr Stoff und Klebefolie verwendet werden, damit das Ganze auf der Rückseite der Keilrahmen besser hält.

Helga Altmayer studierte Grafik-Design an der Hochschule für Gestaltung in Schwäbisch Gmünd. Danach arbeitete sie viele Jahre beim SWR in Stuttgart im Bereich Fernsehgrafik und anschließend freiberuflich für verschiedene Werbeagenturen. Nebenbei entwarf sie, von ihren Kindern inspiriert, alltagstaugliche Mode für Kids. Heute lebt sie in Karlsruhe und arbeitet in einem Fachhandel für Künstler- und Bastelbedarf. Somit ist sie immer bestens über neue Kreativ-Trends informiert. In ihrer Freizeit entwirft sie anspruchsvolle Mandalas für Kinder sowie Designs für Geschenkpapiere und Servietten. 2009 gewann sie den vom frechverlag ausgeschriebenen TOPP-Kreativpreis zu dem Thema Inchies.

Impressum

Wir danken der Firma Knorr Prandell (Lichtenfels) für die freundliche Unterstützung mit Materialien.

Dieses Buch ist nicht einzeln verkäuflich, es ist Teil von TOPP 6716 (Kollektion Mittsommerland, ISBN 978-3-7724-6716-5)

ILLUSTRATIONEN: Ursula Schwab, Handewitt

FOTOS: frechverlag GmbH, 70499 Stuttgart; lichtpunkt, Michael Ruder, Stuttgart

PRODUKTMANAGEMENT: Eva-Barbara Hentschel, Nicole Wehner

LEKTORAT: Redaktionsbüro Kim Marie Krämer, Leinfelden-Echterdingen

GESTALTUNG: Petra Theilfarth

Printed in China

Brigitte Friederike Binder

Nähen

Kollektion Mittsommerland

Liebe Leserinnen und Leser,

wer, wie ich, vom Näh-Fieber gepackt ist, der würde seine Zeit am liebsten immer an der Nähmaschine verbringen. Statt auf Mode habe ich mich hier auf kleine Helfer für Bad und Küche konzentriert, wie zum Beispiel eine Badematte, Topflappen oder gepolsterte Kleiderbügel.

Dank der vielen schönen Stoffe, die es gerade überall zu kaufen gibt, ist das eine wahre Freude. Besonders das Kombinieren von verschiedenen Mustern und Farben macht riesigen Spaß. Punkte, Karos und Blumen – alles passt hervorragend zusammen und erinnert dabei an die fröhliche Unbeschwertheit des skandinavischen Designs, welches Sie vielleicht aus Urlauben oder Büchern und Filmen Ihrer Kindheit – mit Pippi, Michel und Lotta – kennen.

Machen Sie sich selbst eine Freude oder überraschen Sie liebe Menschen mit den kleinen Mitbringseln, die es so nirgendwo zu kaufen gibt.

Ihre

B F Binder

Fürs Badezimmer

In unserer immer hektischer werdenden Zeit genießen wir ruhige Wohlfühl-Stunden im Badezimmer ganz besonders. Die romantischen Accessoires machen diese noch schöner!

Badematte

* Frotteestoff in Weiß, 65 cm x 50 cm * Stoff mit Blumen in Weiß, 2-mal 12 cm x 67 cm und 2-mal 12 cm x 52 cm

Den Frotteestoff rundum mit einem Zickzackstich versäubern.

Die Stoffstreifen jeweils an einer langen Seite 1 cm breit nach links einbügeln und dann im 45°-Winkel zusammennähen. Hierzu sowohl an einem längeren als auch an einem kürzeren Streifen jeweils an der kurzen Seite einen 45°-Winkel markieren und den überstehenden Stoff abschneiden. Die Streifen mit 1 cm Nahtbreite zusammennähen, dabei die umgebügelten Säume beim Zusammennähen mitfassen. Bei den übrigen Ecken ebenso verfahren und die Nahtzugaben auseinander bügeln.

Den Streifenrand rechts auf rechts auf den Frotteestoff legen, an den Außenkanten feststecken und 1 cm breit zusammennähen. Die Ecken diagonal abschneiden, den Streifenrand nach rechts wenden und knappkantig absteppen.

Die fertige Badematte ist 65 cm x 50 cm groß.

So wird's noch romantischer: Noch verspielter wirkt die Badematte, wenn Sie beim Aufsteppen des Streifenrandes zusätzlich Spitze oder Zackenlitze unterlegen.

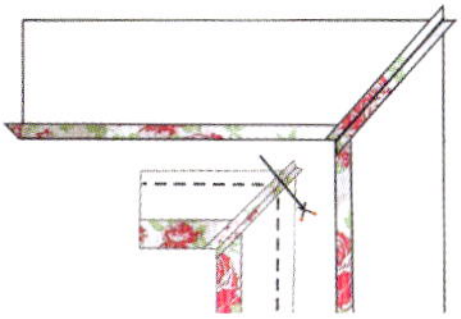

Handtuch mit Stoffbesatz

* Frotteehandtuch in Weiß, 50 cm x 100 cm
* Stoff mit Blumen in Weiß, 2-mal 16 cm x 52 cm (Besatz) und 4 cm x 18 cm (Aufhänger)

Den ursprünglichen Aufhänger und die kurzen Saumkanten am Handtuch wegschneiden. Dann aus dem geblümten Stoff einen neuen Aufhänger nähen. Dazu die Längskanten des Stoffstreifens links auf links ca. 1 cm einschlagen, den Streifen der Länge nach mittig zusammenfalten und absteppen.

Den ersten Besatzstreifen an eine kurze Seite des Handtuches 1 cm breit annähen, die linke Seite des Besatzstreifens liegt dabei oben, die seitlichen Säume sind eingeschlagen. Den Besatzstreifen wenden, knappkantig an der langen und den beiden kurzen Seiten aufsteppen, dabei den Aufhänger mittig mitfassen.

Da der Aufhänger nicht wie üblich an die obere Handtuchkante genäht, sondern beim Besatz mitgefasst wurde, knickt der Besatzstreifen beim Aufhängen nach vorne, deshalb muss nun der zweite Besatzstreifen folgendermaßen angenäht werden:

Kapuzentuch

* Frotteehandtuch, 70 cm x 140 cm
* Stoff mit Karomuster in Rosa, 35 cm x 140 cm und 5 cm x 5 cm (Knopf beziehen)
* Stoff in Weiß, 15 cm x 15 cm
* Zackenlitze in Weiß, 72 cm lang
* Totally Stable, 15 cm x 15 cm
* Knopf zum Beziehen, ø 1,5 cm

Am Frotteetuch an einer kurzen Seite 30 cm abschneiden, die Schnittkante mit Zickzackstich versäubern. Das Handtuch der Länge nach aufeinander legen, an der kurzen, abgeschnittenen Seite 1 cm breit zusammennähen.

Am Karostoff eine Längskante 2 cm nach links umbügeln. Die kurzen Seiten rechts auf rechts aufeinander legen und die jetzt zusammengeklappte Längskante 1 cm breit zusammennähen. Die Nahtzugabe auseinander bügeln.

Die beiden Kapuzen rechts auf rechts und Naht auf Naht ineinander stecken und an der vorderen Kante 1 cm breit zusammensteppen. Die Stoffkapuze nach außen wenden und den Saum kantig aufsteppen.

Die vorderen Handtuchkanten und den Kapuzenrand 5 mm breit absteppen, dabei über dem Kapuzenrand Zackenlitze mitnähen.

Für die Stoffrosette einen Kreis von ø 14 cm (doppelt so groß wie die Rosettengröße) auf das Totally Stable zeichnen und dieses auf die Rückseite des weißen Stoffes bügeln. Den Kreis ausschneiden und das Totally Stable abziehen. Die Kreiskante 5 mm einschlagen und von Hand Vorstiche mit einem doppelt genommenen Faden durch den eingeschlagenen Saum ziehen. Den Rand zusammenziehen und mit ein paar Stichen fixieren. Den Knopf nach Herstellerangaben mit Karostoff beziehen und in die Mitte der Rosette nähen. Die Rosette mittig an den vorderen Kapuzenrand nähen.

Unendliche Stoffvielfalt

Stoffe sind etwas Herrliches … Ihre fast unendliche Farb- und Mustervielfalt macht sie zu einer wahren Inspirationsquelle für alle Näh-Begeisterten. Wagen Sie sich an den Mustermix, weil der die hübschen Accessoires noch schöner macht. Kombinationen, die auf den ersten Blick gewagt aussehen mögen, harmonieren auf den zweiten nämlich oft in verblüffend guter Art und Weise miteinander.

Kleiderbügel

Dieser Kleiderbügel ist zum Verstecken im Schrank viel zu schade. Gönnen Sie ihm lieber ein schönes, offenes Plätzchen an der Garderobe oder im Schlafzimmer.

* Kinderkleiderbügel aus Holz * verschiedene Stoffe * ggf. Holzstreuteil
* verschiedene Dekobänder * Volumenvlies zum Aufbügeln * Vliesofix/BSN
* Papier (fürs Schnittmuster) * Tear Easy * HT2 Textilkleber
* Rayon 40 Maschinenstickgarn in Kontrastfarbe zum Bezugsstoff
* Hot fix Bügelstein (= Glitzerstein)
* Vorlagenbogen A *

Die Form des Kleiderbügels auf Papier nachzeichnen und die Position des Kleiderbügelhakens markieren. Dabei der Form rundum ca. 2 cm zugeben. Den Papierschnitt ausschneiden.

Diesen Papierschnitt auf den doppelt gelegten Stoff legen und diesen zuschneiden, dabei rundum noch mal 1 cm zugeben.

Das Volumenvlies zweimal in der Stoffgröße zuschneiden und auf die beiden linken Stoffseiten bügeln.

Auf die Vorderseite eines Stoffteiles evtl. mittig eine Applikation (hier: Krone) aufnähen. Hierzu die Krone vom Vorlagenbogen mit Bleistift auf die Papierseite vom Vliesofix übertragen und großzügig ausschneiden. Die Krone auf die Vorderseite des Applikationsstoffes bügeln und exakt ausschneiden. Das Trägerpapier abziehen und die Krone aufbügeln. Maschinenstickgarn in den Ober- und Unterfaden der Nähmaschine einfädeln und einen Zickzackstich einstellen: Länge 0,4 mm – 0,5 mm, Breite 3 mm. So die Krone applizieren. Die Krone mit dem Hot fix Glitzerstein verzieren.

Die Stoffteile für den Kleiderbügel rechts auf rechts zusammennähen, dabei die untere Kante offen lassen. Den Saum zurückschneiden, wenden und die untere Kante mit dem Matratzenstich bzw. Leiterstich von Hand zusammennähen.

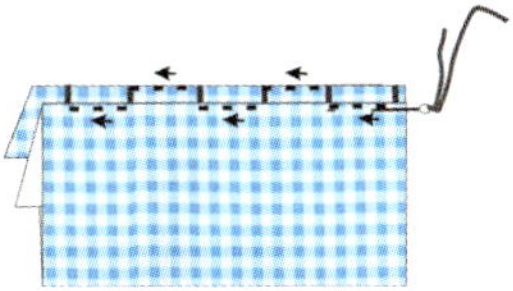

Den Kleiderbügelhaken vorsichtig durch den Stoff bohren und eindrehen. Zum Stoff passende Schleifen um den Haken binden. Dazu entweder Dekoband verwenden oder ein aus einem Stoffstreifen selbst genähtes Band (siehe Seite 14).

Cupcake-Topflappen

Cupcakes liegen gerade absolut im Trend. Kein Wunder, den süßen, kleinen Kunstwerken kann man ja auch kaum widerstehen ...

* Stoff mit Punkten in Hellgrün (Stoff A), 2-mal 4,5 cm x 14 cm und 2-mal 4,5 cm x 21 cm * Stoff mit Muster in Rosa (Stoff B), 24 cm x 24 cm und 12,5 x 4,5 cm (Aufhänger) * Blatt Kreativ-Stoff zum Bedrucken (Stoff C), A4 * Motivbild (hier: Cupcakes) * beidseitig aufbügelbares Volumenvlies, 21 cm x 21 cm * Thermolam, 22 cm x 22 cm * Cotton 30 Maschinenstickgarn in Rosa * Invisible Nähgarn * Sprühkleber * PC * Drucker

In der Materialliste ist nur das Material für einen Topflappen angegeben.

Auf den Kreativstoff (Stoff C) ein 12 cm x 12 cm großes Motiv mithilfe des PCs und des Druckers ausdrucken, dabei die Hinweise des Herstellers beachten. Ein 14 cm x 14 cm großes Quadrat, bei welchem sich das Motiv genau in der Mitte befindet, ausschneiden und das Trägerpapier abziehen.

Jetzt für den Topflappen die zwei kürzeren Streifen von Stoff A an den beiden Seitenrändern auf die Rückseite des Motivstoffs legen und diese jeweils 6 mm breit zusammennähen. Die Nahtzugaben zum Streifen hin bügeln.

Die zwei längeren Streifen auf die gleiche Art oben und unten annähen. Auch hier die Nahtzugaben zu den Streifen hin bügeln. Das Vorderteil des Topflappens ist nun ca. 21,8 cm x 21,8 cm groß.

Ein 22 cm x 22 cm großes Stück Volumenvlies auf die Rückseite bügeln und darüber eine Lage mit Sprühkleber besprühtes Thermolam. Alle drei Lagen auf 21 cm x 21 cm zurückschneiden und mit Zickzackstich zusammennähen.

Stoff A und Stoff B links auf links aufeinander legen, sodass der Rand vom Stoffteil B an allen vier Seiten 1,5 cm übersteht. Das Motiv liegt oben. Im Nahtschatten zwischen Motiv und den angesetzten Streifen durch alle Lagen steppen (quilten). Dazu als Oberfaden Invisible Garn und als Unterfaden Cotton 30 verwenden, die Stichlänge beträgt 3,5 mm. Evtl. die Unterfadenspannung etwas lockern, dadurch wirkt der Stich wie handgenäht.

Die überstehenden Ränder von Stoff B nach rechts wenden, einschlagen und kantig aufnähen, dabei den Aufhänger mitfassen.

Vorher für den Aufhänger den Stoff der Länge nach mittig zur Hälfte bügeln, auseinander falten und die Längskanten zur Mittellinie hin bügeln. Den Streifen wieder zur Hälfte bügeln und rundherum absteppen.

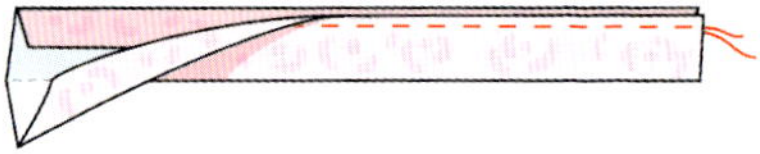

Der fertige Topflappen ist ca. 20 cm x 20 cm groß.

Bonbons

Nein, hierbei handelt es sich nicht um kleine Kaloriensünden, sondern um eine hübsche Tischdeko, die jedem Mahl ein romantisch-nostalgisches Flair verleiht.

* verschiedene Baumwollstoffe, mind. 10 cm x 10 cm
* schmales Satinband, Samtband oder Spitze
* Füllwatte

Evtl. Bänder o. Ä. an die Ränder von zwei gegenüberliegenden Stoffseiten nähen oder kleben (auf die rechte Stoffseite).

Die Stoffquadrate rundum mit einem kleinen, engen Zickzackstich umnähen, Sticheinstellung: Zickzackstich, Länge 0,4 mm, Breite 2 mm.

Den Stoff mittig zusammenklappen und rechts auf rechts legen, die Längskanten 5 mm breit zusammensteppen und wenden.

Eine offene Seite mit Band zubinden, das Bonbon mit Füllwatte stopfen und die andere Seite zubinden.

Schürze

Kochen ist (inzwischen) viel mehr als die bloße Nahrungszubereitung, nämlich Hobby, Selbstverwirklichung und Lebensart.

* Stoff mit Rosen in Grün (Stoff A), 90 cm x 120 cm und 3-mal 3 cm x 70 cm (Bänder) * Stoff mit Punkten in Grün (Stoff B), 15 cm x 120 cm (Beleg) und 3-mal 3 cm x 70 cm (Bänder) * vorgefalztes Schrägband mit Karomuster in Rot, 2 cm breit, 180 cm lang * Vorlagenbogen B *

Die Belege aus der Schnittvorlage herauskopieren. Die Schnittmuster-Teile für die Schürze ebenfalls abpausen und zusammensetzen, Punkt A an Punkt A und Punkt B an Punkt B.

Die Schürze nach der Schnittvorlage aus Stoff A zuschneiden, die Belege aus Stoff B.

Für die Bänder den Stoff A und den Stoff B rechts auf rechts aufeinander legen, 5 mm breit an den Längsseiten und an einer kurzen Seite zusammennähen, wenden und ausbügeln.

Den Beleg rechts auf rechts an die obere Schürzenkante stecken, 1 cm breit zusammennähen, die Nahtzugabe auf 3 mm zurückschneiden und wenden. Den Belegsaum 1 cm nach innen einschlagen und kantig aufsteppen.

Die gebogenen Seitenkanten der Schürze mit Schrägband einfassen, dabei auf der linken Latzseite oben eine Schlaufe bilden und auf der rechten Seite ein selbst genähtes Band annähen. Das Band am Latz durch die Schlaufe ziehen und zu einer Schleife binden.

Die Saumkante mit dem Bogenbesatz verstürzen. Dazu den Besatz rechts auf rechts auf die Schürze legen, die Bögen 1 cm breit nachnähen, die Nahtzugabe auf 3 mm zurückschneiden und den Besatz wenden. Den Besatzsaum 1 cm einschlagen und kantig aufsteppen.

An den Seitennähten einen Saum nähen mit 5 mm Einschlag und 1 cm Umschlag und die seitlichen Bänder annähen.

Topfanfasser

Wenn es in der Küche mal wieder besonders heiß hergeht, dann sind diese Topfanfasser genau die richtigen kleinen Helfer, mit denen alles viel besser geht.

* unterschiedliche, bedruckte Stoffe, jeweils 2-mal 25 cm x 25 cm und 2 cm x 10 cm (Aufhänger) * einseitig aufbügelbares Volumenvlies, 2-mal 25 cm x 25 cm * ggf. gefalztes Schrägband, 2 cm breit, 35 lang (zum Einfassen des Seitenrandes) bzw. 10 cm lang (als Aufhänger) * Totally Stable, 25 cm x 25 cm

Hier werden zwei Topfanfasser gearbeitet.

Volumenvlies auf die Rückseite der Stoffquadrate bügeln. Einen Kreis mit ø 24 cm auf Totally Stable aufzeichnen (dazu evtl. einen Teller zum Kreiszeichnen verwenden) und das Totally Stable auf die Vorderseite eines der Stoffquadrate bügeln. Den Kreis ausschneiden, das Totally Stable vom Stoff abziehen und auf das zweite Stoffquadrat aufbügeln. Auch diesen Kreis ausschneiden.

Jetzt den Aufhänger nähen. Dazu die Längskanten des Stoffstreifens ca. 1 cm links auf links zur Mitte hin einschlagen, den Streifen der Länge nach zur Hälfte falten und rundum kantig absteppen.

Die beiden Kreise jeweils halbieren. Dann immer zwei unterschiedliche Stoffhalbkreise rechts auf rechts aufeinander legen, an der Rundung 5 mm breit zusammensteppen und die Naht auf 3 mm zurückschneiden.

Die Stoffteile auseinanderziehen, rechts auf rechts legen (die Nähte treffen aufeinander) und 7 mm breit zusammensteppen. Dabei den zur Hälfte gefalteten Aufhänger an der Spitze eines Stoffes mitfassen und in einem eine Wendeöffnung von ca. 5 cm offen lassen. Wenden und die Öffnung von Hand oder mit der Maschine schließen. An der unteren Kante den Innenstoff ca. 3 mm vorschieben und im Nahtschatten steppen.

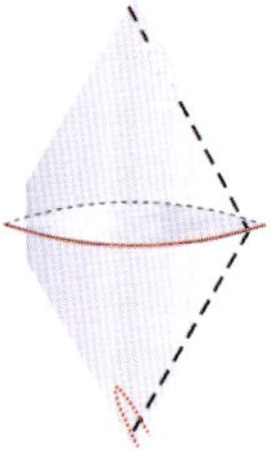

Alternativ kann die Kante auch mit Schrägband eingefasst werden (siehe getupfter Topfanfasser rechts unten). Hierfür statt wie gerade beschrieben folgendermaßen vorgehen: Je eine Längskante der Stoffhalbkreise 6 mm breit rechts auf rechts zusammennähen und evtl. einen Aufhänger in der Nahtspitze mitfassen. Die beiden Stoffhütchen ineinander stecken, das vorgefalzte Schrägband zur Hälfte bügeln, über die untere Kante stecken und kantig aufnähen.

So geht's besser: Verwenden Sie zum Aufbügeln von Volumenvlies am besten Backtrennpapier, um ein Verschmutzen des Bügelbrettes und des Bügeleisens zu verhindern.

Geschirrhandtücher

Praktisch muss nicht automatisch fade sein, wie die bunten Geschirrhandtücher im Mustermix hier beweisen.

* verschiedene Stoffe, 56 cm x 53 cm (Stoff A), 56 cm x 23 cm (Stoff B) und 4 cm x 30 cm (Aufhänger)
* Zackenlitze oder Dekoband, 56 cm und ggf. 25 cm (Aufhänger) lang
* ggf. Knopf in Weiß, ø 1 cm

Stoff A und Stoff B an der 56 cm langen Seite 1 cm breit zusammennähen und die Nahtzugaben mit Zickzackstich versäubern. Wahlweise können Sie diese Naht auch mit der Overlockmaschine zusammennähen. Die Nahtzugabe in Richtung von Stoff B bügeln.

Über die Ansatznaht auf der rechten Stoffseite Zackenlitze oder das Dekoband aufsteppen.

An allen vier Seiten einen Saum mit 1 cm Einschlag und 2 cm Umschlag steppen.

Den Aufhänger rechts im Bild aus einem Stoffstreifen arbeiten (siehe Seite 20). In den oberen Saum des Handtuches ein 2 cm langes Knopfloch parallel zum Saum nähen, den Aufhänger durch das Knopfloch ziehen und verknoten.
Für den Aufhänger links im Bild wird ein 25 cm langes Bandstück zu einer Schlaufe gelegt und zusammen mit einem Knopf mittig an die obere Kante genäht.

Das fertige Geschirrhandtuch ist 50 cm x 70 cm groß.

Hinweis: Bei den Stoffen und Dekobändern ist jeweils die Grundfarbe angegeben, nicht die des Musters.

Folgendes sollten Sie auf alle Fälle zur Hand haben:

* Stoff- und Papierschere * Bleistift * Maßband
* farblich passendes Nähgarn * Nähnadel * Stecknadeln
* Nähmaschine * Bügeleisen

Die Stoffangaben in den Materiallisten verstehen sich immer inkl. der benötigten Nahtzugaben von 1 cm ringsum.

Brigitte Friederike Binder lebt und arbeitet in Freiburg im Breisgau und ist Mutter von zwei erwachsenen Söhnen. Schon als junges Mädchen interessierte sie sich für die Themen Mode, Design und Inneneinrichtung. Bereits als Schülerin nähte sie ihre Kleidung selbst, deshalb wählte sie einen Studiengang u. A. mit dem Schwerpunkt Textil. Früher war sie als Lehrerin tätig, heute arbeitet sie als freie Mitarbeiterin für zahlreiche Kreativfirmen sowie unterschiedliche Verlage und Institutionen und entwirft Genähtes und digitale Stickdesigns in den unterschiedlichsten Stilrichtungen (www.bfb-creativeconcepts.de).

Impressum

Wir danken den Firmen Coats (Kenzingen), Freudenberg (Weinheim), Gütermann (Gutach), Pfaff (Karlsruhe), Prym (Stolberg) und Westfalenstoffe (Münster) für die freundliche Unterstützung mit Materialien.

Dieses Buch ist nicht einzeln verkäuflich, es ist Teil von TOPP 6716 (Kollektion Mittsommerland, ISBN 978-3-7724-6716-5)

ILLUSTRATIONEN: Ursula Schwab, Handewitt

ARBEITSSCHRITT-ZEICHNUNGEN: Brigitte-Friederike Binder, Freiburg im Breisgau

FOTOS: frechverlag GmbH, 70499 Stuttgart; lichtpunkt, Michael Ruder, Stuttgart; Lichtblick, Jochen Frank, Laichingen (Seite 7, unten)

PRODUKTMANAGEMENT: Eva-Barbara Hentschel

LEKTORAT: Redaktionsbüro Kim Marie Krämer, Leinfelden-Echterdingen

GESTALTUNG: Petra Theilfarth

Printed in China

Ruth Laing

Tischdeko

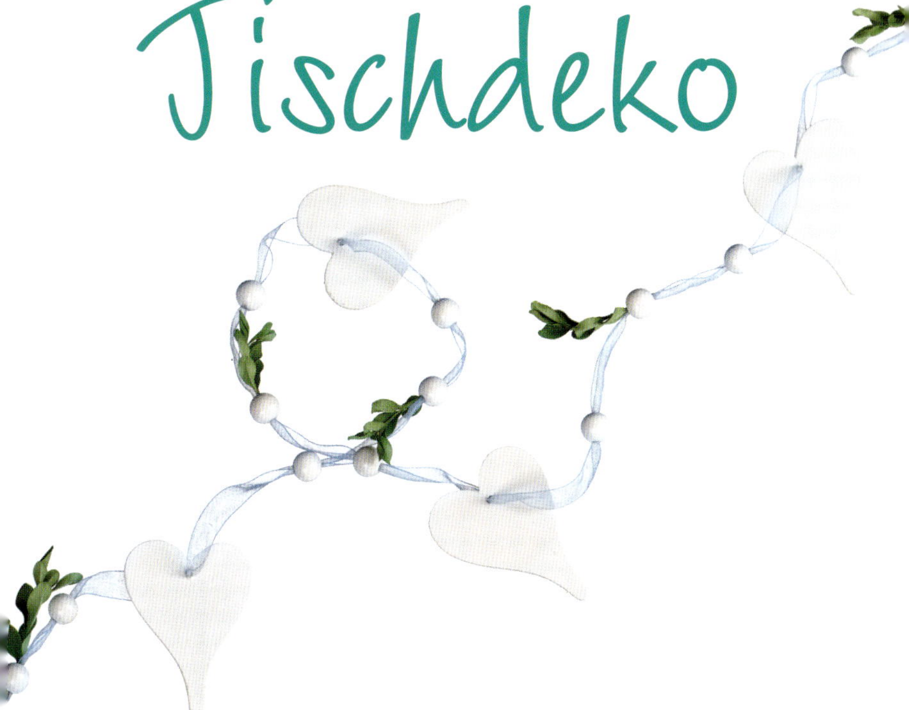

Kollektion Mittsommerland

Liebe Leserinnen und Leser,

wie heißt es immer? Das Auge isst mit. Das stimmt, denn an einem schön gedeckten Tisch schmeckt alles gleich noch mal so gut. Dafür müssen Sie aber nicht alles perfekt bis ins letzte Detail durchstylen. Oft reichen schon wenige hübsche Accessoires aus, um Ihren Tisch (und damit das Menü) in ein ganz neues Licht zu rücken.

Besonders appetitlich sehen Tischdekorationen aus fröhlich-frischen Stoffen im skandinavischen Design aus. Ich habe daraus Tischsets, Menükarten & mehr entworfen, die rasch gemacht sind und hübsch aussehen. Ob für den Frühstückstisch oder die abendliche Runde mit Gästen, hier finden Sie Ideen, die Lust auf Genuss machen. Lassen Sie es sich schmecken!

Ihre

Ruth Laing

Guten Start

Endlich Sonntag! Da heißt es ausschlafen und anschließend gemütlich frühstücken. An so einem hübsch gedeckten Tisch gelingt der Start in den Tag!

Brotkorb

* Brotkorb in Weiß, ø 23 cm, 8 cm hoch * Stoff mit Rosen in Hellblau, 8 cm x 65 cm * Chiffonband in Rot, 1 cm breit, 115 cm lang * Flüssigkleber

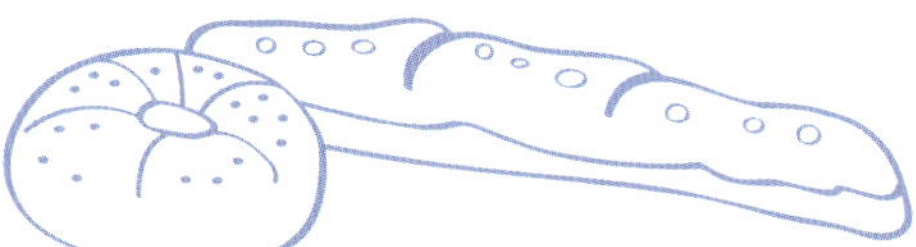

Den Stoffstreifen über die gesamte Länge falten und mit dem Fingernagel die Mittellinie markieren. Den Streifen wieder aufklappen und die beiden langen Schnittkanten jeweils bis zu dieser Mittellinie sparsam mit Flüssigkleber festkleben.

Dann den Stoffstreifen durch den Brotkorb „weben“, die geklebte Seite liegt innen, und die Enden wieder mit Klebstoff festkleben. Das Chiffonband ebenfalls durchweben und dessen Enden zu einer Schleife binden.

Falls Ihr Brotkorb von der oben angegebenen Größe abweicht, dessen Umfang ausmessen und einen Stoffstreifen zuschneiden, der von der Breite her zwischen die Stäbe passt, mit doppelter Breite zuschneiden, und 3 cm länger als der Korbumfang ist.

Vase

* Einmachglas, ø 13 cm, 18 cm hoch * Stoff mit Rosen in Hellblau, 20 cm x 36 cm * Chiffonband in Rot, 1 cm breit, 80 cm lang * 10 Holzperlen in Weiß, ø 1 cm * kleine Buchsbaumabschnitte * Nähgarn * Sprühkleber * Flüssigkleber * Nähnadel

Falls die Glasgröße von der in der Materialliste angegebenen abweichen sollte, die Höhe und den Umfang des Glases ausmessen. Dann den Stoff dementsprechend zuschneiden, in der Höhe insgesamt 2 cm, im Umfang ca. 5 mm dazugeben.

Die obere und untere Stoffkante jeweils 1 cm nach links einschlagen und sparsam mit Flüssigkleber festkleben. Dann den gesamten Stoff linksseitig mit Sprühkleber einsprühen und um das Einmachglas kleben.

Ca. 10 cm Nähgarn durch die Nähnadel fädeln, doppelt legen und an ein Ende des längs gefalteten Chiffonbandes nähen. Dann die Perlen aufziehen und gleichmäßig über die gesamte Bandlänge verteilen. Anfang und Ende verknoten. Zum Schluss in die Löcher der Perlen kleine Buchsbaumabschnitte stecken.

Tischset

* Stoff mit Punkten in Hellblau, 2-mal 40 cm x 40 cm * aufbügelbares, dünnes Volumenvlies, 40 cm x 40 cm * 2 Holzherzen in Weiß, 6 cm hoch * Satinband in Weiß, 7 mm breit, 6 cm lang * Chiffonband in Hellblau, 7 mm breit, 20 cm lang * Papier (fürs Schnittmuster) * Nähgarn * Maßband * Bügeltuch * Nähutensilien

Die Mitte eines großen Papierstücks mit einem Punkt markieren. Von diesem Punkt aus mit einem Maßband ringsum kleine Markierungen einzeichnen, die genau einen Abstand von 19,5 cm zum Mittelpunkt aufweisen. Die Punkte zu einem Kreis verbinden und die Schablone ausschneiden.

Auf eines der beiden quadratischen Stoffstücke das Volumenvlies aufbügeln. Das Volumenvlies immer mit einem Bügeltuch auf die linke Stoffseite aufbügeln! Das Schnittmuster auflegen, mit Nadeln feststecken und den Kreis ausschneiden. Dieses Schnittteil rechts auf rechts auf das andere Stoffstück legen und wieder sorgfältig feststecken.

Die beiden Teile entlang der äußeren Rundung des wattierten Stoffstücks aufeinander steppen, dabei 10 cm zum Wenden offen lassen. Anschließend den Stoff ringsum auf 4 mm–5 mm zurückschneiden, das Tischset wenden und die Öffnung mit einigen Handstichen zunähen. Die Kante bügeln und ca. 1 cm breit mit der Nähmaschine absteppen.

Das Satinband zu einer kleinen Schlaufe legen und auf der Rückseite des Tischsets festnähen. Anschließend das Chiffonband durch die Herzen und die Satinschlaufe fädeln und zu einer Schleife binden.

Döschen

* Sperrholzdose, ø 6 cm, 3,5 cm hoch
* Stoff mit Punkten in Hellblau
* Rüschengummiband in Rot, 2 cm breit, 12 cm lang
* Chiffonband in Rot, 1 cm breit, 30 cm lang
* Klebestift
* Flüssigkleber

Die obere Seite des Deckels mit einem Klebestift auf den Stoff kleben. Den Stoff so abschneiden, dass er anschließend 1 cm breiter ist als der Deckel. Aus diesem „Rand" nun viele kleine Dreiecke ausschneiden und den Stoff anschließend mit einem Klebestift am Deckelrand festkleben. Das Rüschengummiband ringsum mit Flüssigkleber befestigen.

Für den unteren Teil des Döschens ein Stück Stoff zuschneiden, welches ca. 2 cm höher ist als das Döschen. Den Stoff mit Klebestift so festkleben, dass die obere und untere Stoffkante jeweils 1 cm übersteht. Aus dem überstehenden Stoff wieder sorgfältig kleine Dreiecke ausschneiden. Den Stoff an der oberen Kante nach innen kleben, an der unteren Kante auf den Deckelboden.

Das Chiffonband mit einer Schleife um das Döschen binden.

Zierband

* Chiffonband in Hellblau, 7 mm breit, 150 cm lang * 5 Holzherzen in Weiß, 6 cm hoch * 24 Holzperlen in Weiß, ø 1 cm * Buchsbaumabschnitte, 2 cm lang * Nähgarn * Nähnadel

Ein ca. 10 cm langes Stück Nähgarn durch die Nähnadel fädeln, doppelt legen und an ein Ende des längs gefalteten Chiffonbandes nähen.

Dann abwechselnd Perlen und Herzen aufziehen und gleichmäßig über die gesamte Bandlänge verteilen. Bandanfang und -ende verknoten.

Zum Schluss in die Löcher der Perlen kleine Buchsbaumabschnitte stecken.

Für Tisch und Stuhl: Dieses Band kann sowohl als dekoratives Tischband dienen wie auch die Stuhllehne verschönern, ganz, wie es Ihnen gefällt.

Liebe geht durch den Magen …

… heißt es. Damit ist aber nicht nur die Liebe zu Ihrem Partner gemeint, sondern auch die Liebe, die wir für unsere Familie und Freunde empfinden. Gerade in unserer immer hektischer werdenden Zeit ist es schön, wenn man seine Mahlzeiten ein bisschen zelebriert. Leckeres Essen und eine hübsche Tischdekoration sorgen für kleine Auszeiten, die wir mit allen Sinnen genießen sollten.

Rosenfrühstück

Wie wäre es mit einem romantischen Frühstück zu Zweit? Zelebrieren Sie die erste Mahlzeit des Tages, die gerne auch im Bett genossen werden kann.

Eierwärmer

* Stoff in Weiß, 2-mal 15 cm x 15 cm * Stoff mit Rosen in Rosa, 6 cm x 6 cm (Applikation) und 3,5 cm x 25 cm (Paspel unten) * Zackenlitze in Rosa, 40 cm lang * aufbügelbares Volumenvlies, 2-mal 15 cm x 15 cm * Vliesofix, 6 cm x 6 cm * Bügeltuch * Papier (fürs Schnittmuster) * Nähutensilien * Vorlagenbogen A *

Die Materialangabe bezieht sich auf einen Eierwärmer. Die Vorlage kopieren und ausschneiden. Das Volumenvlies mit einem Bügeltuch auf die linke Stoffseite des weißen Stoffs aufbügeln. Dann die beiden Schnittteile für den Eierwärmer zuschneiden, die Nahtzugaben sind bereits enthalten.

Anschließend die beiden Teile rechts auf rechts aufeinander stecken und entlang der äußeren Rundung zusammennähen. Das Teil wenden und die Kanten bügeln.

Nun die untere Kante mit dem Rosenstoff-Streifen einfassen. Dazu den Streifen füßchenbreit (7 mm) rechts auf rechts an die untere Kante des Eierwärmers steppen (das Steppen erfolgt wegen der Größe des Eierwärmers am besten von der Innenseite). Anschließend die überschüssige Länge des Stoffstreifens bis auf 1 cm zurückschneiden, den Stoff um die untere Kante nach innen umlegen, die Schmalseite 1 cm nach links einschlagen und den Paspelstreifen mit kleinen Handstichen in der Naht festnähen.

Für die Herzapplikation ein kleines Stückchen Rosenstoff linksseitig mit Vliesofix bekleben. Das Herz kopieren, ausschneiden, auf die Papierseite des Vliesofixs übertragen und ausschneiden. Das Trägerpapier abziehen, das Herz aufbügeln und mit einem Knopflochstich umnähen (siehe Zeichnung). Hierzu einen doppelt gelegten Nähgarnfaden verwenden.

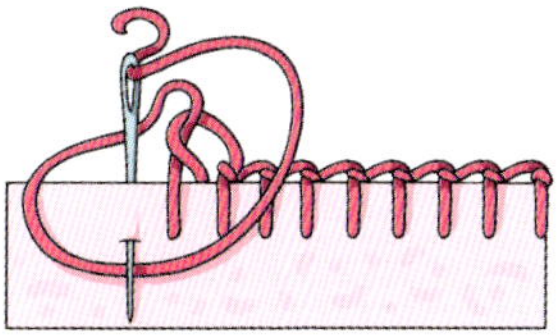

Die Zackenlitze von Hand festnähen. Den Rest der Litze zu einer Schleife binden und ebenfalls von Hand befestigen.

Tablett mit Deckchen

* altes Holztablett * kleine Holzornamente * Stoff mit Rosen in Rosa * Zackenlitze in Rosa * Acryllack in Weiß * Sekundenkleber * Schleifpapier * Nähutensilien * Pinsel

Den alten Lack des Tabletts anschleifen und den Staub entfernen. Dann das Tablett neu lackieren. Die ebenfalls lackierten Holzornamente mit Sekundenkleber aufkleben.

Den Stoff genau auf die Größe des Tabletts zuschneiden. Dabei unbedingt den Fadenlauf beachten! Erfolgt der Zuschnitt nicht im Fadenlauf, ist ein exaktes Ausfransen nicht möglich.

Im Abstand von 1,5 cm zur Außenkante die Zackenlitze ringsum aufnähen. Dann mit dem Ausfransen beginnen. Hierzu zunächst zwei gegenüberliegende Seiten bearbeiten, dann die Fäden der beiden anderen Seiten vorsichtig bis zur Zackenlitze herausziehen.

Namensschild

* Stoff mit Rosen in Rosa, 8 cm x 10 cm * Zackenlitze in Rosa, 40 cm lang
* feste Pappe, 6 cm x 8 cm * Papier in Weiß, 4 cm x 6 cm * Klebestift
* Zackenschere * Lochzange

Den exakt zugeschnittenen Papprest mittig auf den Rosenstoff kleben, die überstehenden Stoffkanten nach hinten umschlagen und ebenfalls festkleben. Wer mag, kann die Rückseite nun noch mit weiteren Stoffresten bekleben.

Dann das Papier beschriften oder bedrucken, mit der Zackenschere auf die entsprechende Größe zuschneiden und mittig auf die Hintergrundpappe legen. Beides lochen und die Zackenlitze durchziehen.

Angeklammert: Besonders hübsch sieht es aus, wenn Sie das Namensschild mit einer weißen Sturmwäscheklammer an eine eingerollte Serviette klemmen.

Schnelle Deko: Umwickeln Sie hierfür einfach kleine Gläser mit farblich passender Zackenlitze und binden Sie dabei kleine Holzstreuteile mit ein – fertig!

Einmachgläser

Für den Frühstückstisch oder zum Verschenken: Aus hübsch verzierten Gläsern schmecken selbst gekochte Marmelade und leckeres Obstkompott noch mal so gut.

* alte Einmachgläser * unterschiedliche Stoffreste * unterschiedliche Dekobänder * Papier * Klebestift * ggf. Zackenschere

Den Deckel des Einmachglases auf ein Stück Papier legen, die Kontur nachzeichnen und ringsum weitere 5 cm zugeben.

Die Papierschablone ausschneiden, auf den Stoff legen und den Kreis ausschneiden. Dafür gerne eine Zackenschere verwenden.

Den Stoffkreis mit etwas Klebstoff mittig auf dem Deckel festkleben. Anschließend das Band um das Glas legen und zusammenknoten.

Für Romantiker

Für besondere Anlässe darf es ruhig auch mal ein bisschen mehr sein, nämlich ein ganz besonderes Menü, welches romantisch und stilvoll in Szene gesetzt wird.

Menükarte

* kleine Staffelei, 18 cm hoch * Stoff mit Blümchen in Weiß, 17 cm x 16 cm * Zackenlitze in Rosa, 34 cm, 35 cm und 50 cm lang * feste Pappe, 16 cm x 17 cm (Hintergrund) * dünne Pappe oder Fotokarton in Rosa, 12 cm x 15 cm * Papier in Weiß, 7 cm x 12 cm (mit der Menüfolge beschriftet) * kleine, selbstklebende Herzen, 12 – 15 Stück * Wäscheklammer in Weiß * Sprühkleber * Flüssigkleber * Lochzange * Zackenschere

Die Pappe ganzflächig mit Sprühkleber einsprühen und den Stoff sorgfältig und ohne Blasen aufkleben. Die Ränder ringsum mit Zackenlitze überkleben.

Die Ränder der rosa Pappe mit einer Zackenschere beschneiden. Dann die Hintergrundpappe, den rosa Fotokarton und das beschriftete weiße Papier übereinander legen und mit der Lochzange ein Loch durch alle Lagen stanzen. Die drei Papierlagen mit der restlichen Zackenlitze zusammenbinden.

Auf die rechte Seite der rosa Pappe die kleinen, selbstklebenden Herzen aufkleben. Drei Herzen auf der weißen Wäscheklammer befestigen und diese anschließend an die Menükarte klemmen.

Herz-Namensschild

* Stoff mit Blümchen in Weiß, 2-mal 14 cm x 14 cm * Rüschengummiband mit Karomuster in Hellblau, 2 cm breit, 28 cm lang * Zackenlitze in Rot, 32 cm lang * Dekoband mit Karomuster in Rot, 1 cm breit, 25 cm lang * Volumenvlies * Pappe, 2-mal 12 cm x 12 cm * Papier in Weiß, Größe abhängig vom Namen * Papier (fürs Schnittmuster) * Sprühkleber * Klebestift * Flüssigkleber * Lochzange * Vorlagenbogen A *

Aus dem Vorlagenbogen die Herzschablone abkopieren und ausschneiden. Mit dieser Schablone das Herz zweimal aus Pappe und zweimal aus Volumenvlies zuschneiden. Aus dem Stoff zwei Herzen zuschneiden, die jedoch ringsum 1 cm größer als die Schablone sind.

Zunächst das Volumenvlies mit Sprühkleber auf der Pappe festkleben. Dann ebenfalls das Volumenvlies mit Sprühkleber benetzen und den Stoff vorsichtig darauf festkleben. Den überstehenden Rand des Stoffherzens mehrfach einschneiden und mit einem Klebestift auf der Rückseite festkleben. Diese Arbeitsschritte beim zweiten Herz wiederholen.

Dann das Rüschengummiband mit Flüssigkleber gleichmäßig auf die Rückseite eines Herzens kleben. Anschließend das zweite Herz mit Flüssigkleber gegen die Rückseite des ersten Herzens kleben und mit einer Lochzange durch alle Papp- und Stofflagen ein Loch stanzen.

Die Zackenlitze durch das Loch fädeln und verknoten. Aus dem karierten Band eine Schleife binden, mit Flüssigkleber auf dem fertigen Herz festkleben und das Herz mit dem Namensschildchen versehen.

Umgehängt: Wer will hängt das Herz-Namenschild mit der Zackenlitzen-Schlaufe über eine kleine Flasche oder Blumenvase, das sieht auch sehr dekorativ aus.

Passendes Tischset: Für ein passendes Tischset entwerfen Sie ein Schnittmuster und arbeiten dieses dann wie auf Seite 7 beschrieben mit passend gemusterten Stoffen aus.

Nordisch-frisch

Schlicht und schön in Rot und Weiß präsentieren sich hier als Kerzenhalter umfunktionierte Blumentöpfe und kleine Stoffherzen, mit denen Sie Ihre Gäste aufs Herzlichste willkommen heißen.

Kerzenhalter

* Blumentopf aus Ton, ø 5 cm, 4 cm hoch
* Gummirüschenband mit Karomuster in Rot, 2 cm breit, 18 cm lang; alternativ: Faltenband mit Karomuster
* Zackenlitze in Weiß, 18 cm lang
* Acrylfarbe in Weiß
* kleine Kerze in Rot
* Vogelsand
* ggf. 8 kleine Pilz-Streuteile
* Pinsel
* Flüssigkleber

Den Blumentopf mit dem Acryllack anmalen und trocknen lassen.

Das Gummiband im leicht gedehnten Zustand mit Flüssigkleber an die obere Kante des Blumentopfs kleben. Alternativ das Faltenband aufkleben. Anschließend die Zackenlitze aufkleben.

Den Vogelsand in das Töpfchen füllen und die Kerze hineinstellen.

Herz

* Stoff mit beliebigem Muster, 16 cm x 16 cm
* Filz in Weiß, 16 cm x 16 cm
* Satinband in Rot, 5 mm breit, 20 cm lang
* Füllwatte
* Nähutensilien
* Vorlagenbogen A

Die Herzschablone vom Vorlagenbogen kopieren und mit der Schere ausschneiden.

Den Stoff- und den Filzrest so aufeinanderlegen, dass die beiden rechten Stoffseiten innen liegen. Dann die Schablone mittig auf dem Baumwollstoff feststecken, die Herzkonturen mit einem dünnen Bleistiftstrich vorsichtig übertragen und ausschneiden.

Die beiden Stofflagen aufeinander steppen, dabei an einer langen Seiten eine ca. 4 cm große Öffnung zum Wenden offen lassen. Die Nahtzugaben ringsum auf ca. 2 mm zurückschneiden, nur an der Füllöffnung ungefähr 5 mm Stoff stehen lassen.

Das Herz durch die Öffnung wenden, die Kanten und die Spitze vorsichtig mit einer Schere herausdrücken und sorgfältig bügeln. Das Herz mit Füllwatte ausstopfen und die Öffnung mit einigen Handstichen zunähen. Das Satinband von Hand an die obere Kante des Herzens nähen.

Erfreut Gäste: Ihre Gäste freuen sich sicher über so ein hübsches Mitgebsel, welches sie nach dem Essen mit nach Hause nehmen dürfen.

Hinweis: Bei den Stoffen und Dekobändern ist jeweils die Grundfarbe angegeben, nicht die des Musters.

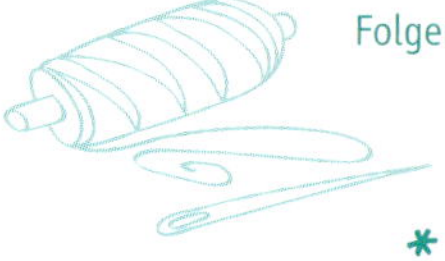

Folgende Materialien sollten Sie auf alle Fälle zur Hand haben:

* *Schere* * *Bleistift*

Mit Nähutensilien ist Folgendes gemeint:

* *Stecknadeln* * *Nähnadeln* * *passendes Nähgarn*
* *Nähmaschine* * *Bügeleisen*

Die Materialangaben gelten jeweils für ein gestaltetes Objekt (also z. B. einen Kerzenhalter oder ein Herz). Die Nahtzugabe von 1 cm ist jeweils enthalten.

Ruth Laing (Jahrgang 1966) ist verheiratet und hat drei Kinder. Nach ihrem Abitur absolvierte sie zuerst eine Schneiderlehre, bevor sie Maschenkonfektionstechnik sowie Bekleidungstechnik studierte. Danach arbeitete sie als technische Redakteurin bei einem bekannten Modeverlag, bevor sie freiberufliche Autorin für diverse Zeitschriften- und Buchverlage wurde.

Impressum

Wir danken den Firmen Gütermann (Gutach), Knorr Prandell (Lichtenfels) und Pichler (Laichingen) für die freundliche Unterstützung mit Materialien.

Dieses Buch ist nicht einzeln verkäuflich, es ist Teil von TOPP 6716 (Kollektion Mittsommerland, ISBN 978-3-7724-6716-5)

ILLUSTRATIONEN: Ursula Schwab, Handewitt

FOTOS: frechverlag GmbH, 70499 Stuttgart; lichtpunkt, Michael Ruder, Stuttgart

PRODUKTMANAGEMENT: Eva-Barbara Hentschel, Hannelore Irmer-Romeo

LEKTORAT: Redaktionsbüro Kim Marie Krämer, Leinfelden-Echterdingen

GESTALTUNG: Petra Theilfarth

Printed in China

Brigitte Friederike Binder lebt und arbeitet in Freiburg im Breisgau und ist Mutter von zwei erwachsenen Söhnen. Schon als junges Mädchen interessierte sie sich für die Themen Mode, Design und Inneneinrichtung. Bereits als Schülerin nähte sie ihre Kleidung selbst, deshalb wählte sie einen Studiengang u. A. mit dem Schwerpunkt Textil. Früher war sie als Lehrerin tätig, heute arbeitet sie als freie Mitarbeiterin für zahlreiche Kreativfirmen sowie unterschiedliche Verlage und Institutionen und entwirft Genähtes und digitale Stickdesigns in den unterschiedlichsten Stilrichtungen (www.bfb-creativeconcepts.de).

Impressum

Wir danken den Firmen Coats (Kenzingen), Freudenberg (Weinheim), Gütermann (Gutach), Pfaff (Karlsruhe), Prym (Stolberg) und Westfalenstoffe (Münster) für die freundliche Unterstützung mit Materialien.

Dieses Buch ist nicht einzeln verkäuflich, es ist Teil von TOPP 6716 (Kollektion Mittsommerland, ISBN 978-3-7724-6716-5)

ILLUSTRATIONEN: Ursula Schwab, Handewitt

ARBEITSSCHRITT-ZEICHNUNGEN: Brigitte-Friederike Binder, Freiburg im Breisgau

FOTOS: frechverlag GmbH, 70499 Stuttgart; lichtpunkt, Michael Ruder, Stuttgart

PRODUKTMANAGEMENT: Eva-Barbara Hentschel

LEKTORAT: Redaktionsbüro Kim Marie Krämer, Leinfelden-Echterdingen

GESTALTUNG: Petra Theilfarth

Printed in China

* Volumenvlies: Dieses verleiht Stepparbeiten, wie der Namen schon sagt, Volumen. Hier im Buch wird immer die aufbügelbare Variante verwendet.
* Rastervlies X50: Das ist ein dünnes Volumenvlies mit aufgedrucktem Raster zum Wattieren von Stoffen. Es lässt sich ebenfalls aufbügeln.

So wird's gemacht

Applizieren

Jeweils das Applikationsmotiv von der Vorlage direkt auf den Papierträger von Vliesofix oder BSN durchpausen, großzügig ausschneiden und das ausgeschnittene Motiv auf die Rückseite des Applikationsstoffes bügeln.
Das Motiv exakt auf der eingezeichneten Linie ausschneiden, das Trägerpapier abziehen und das Motiv mit der beschichteten Seite auf den Trägerstoff aufbügeln.
Zum Schluss das Motiv mit dichten Zickzackstichen applizieren (aufnähen).

Besonderheiten beim Sticken mit der Nähmaschine

Die Motive werden entweder mit dem Zickzackstich – auch Satinstich genannt – oder dem Languettenstich, der einen handgenähten Eindruck vermittelt, appliziert. Neuere Nähmaschinenmodelle haben auch einen vorprogrammierten Applikationsstich.

Beim Applizieren muss die Naht genau in der Füßchenmitte geführt werden, so kann die Nadel einmal rechts und einmal links von der Applikation einstechen.

Es empfiehlt sich, die Applikationsnaht in zwei Schritten zu nähen:
Schritt 1: Die mit Vliesofix oder BSN fixierte Applikation wird mit einem schmalen, etwas weiteren Zickzackstich aufgenäht, Breite 1,0 mm, Länge 0,8 mm.
Schritt 2: Jetzt im Satinstich über die erste Naht nähen, Breite 2 mm–3 mm, Länge: 0,4 mm–0,5 mm.
Durch die Zweischritttechnik wird die Satinnaht dicht und erhaben. Übrigens: Auch andere Zierstiche aus der Nähmaschine eignen sich für Applikationsnähte.

Leichter geht's mit Tear Easy Stickvlies: Tear Easy unter der Applikations-Stickerei verhindert ein Zusammenziehen des Stoffes. Die Überstände werden nach dem Applizieren vorsichtig in Richtung Stich abgerissen.

Hilfsstoffe & Vliese

* Vliesofix bzw. BSN: Dieses dient zum zweiseitigen Aufbügeln und dauerhaften Fixieren von Applikationen. Dafür die gewünschte Applikationsform auf das Trägerpapier von BSN oder Vliesofix aufzeichnen und dieses auf die Rückseite des Applikationsstoffes bügeln,. Die Applikation ausschneiden, das Trägerpapier vom Vliesofix bzw. BSN abziehen, die Applikation auf den Trägerstoff aufbügeln und festnähen.

* Tear Easy: Das ist ein weiches Stickvlies zum Ausreißen. Es garantiert einen faltenfreien Stofftransport, stabilisiert die Applikationsnaht und verhindert, dass beim Applizieren der Trägerstoff zusammengezogen wird. Dazu das Tear Easy unter den Trägerstoff legen und die Applikation nähen. Nach Fertigstellung der Applikation das Vlies vorsichtig zum Nähgut hin abreißen.

* Totally Stable: Das ist ein Stickvlies zum Aufbügeln und Ausreißen und eine ideale Schneidehilfe für Stoffteile und Formen, die schwierig zu schneiden sind, wie Kreise, Ovale etc. Durch Totally Stable wird der Stoff fest und lässt sich einfach wie Papier schneiden. Dazu die gewünschte Form auf das Totally Stable zeichnen oder durchpausen, danach das Totally Stable auf die Stoffrückseite bügeln, den Stoff ausschneiden und das Vlies abziehen. Das Vlies ist mehrfach verwendbar.

* Soluvlies bzw. Soluy: Soluvlies ist ein wasserlösliches Vlies. Es verhindert das Versinken der Stickstiche in hochflorigen Materialien wie Frottee, Samt etc. Soluy ist im Gegensatz zu Soluvlies eine Folie und durchsichtig.

* Filmoplast: Das ist ein einseitig selbstklebendes Stickvlies zum Fixieren von Stoffen und Bändern, welches sich ausreißen lässt. Dazu das Trägerpapier vom Filmoplast abziehen, die Stoffstreifen, Bänder o. Ä. leicht überlappend aufkleben und an den Stoff- und Bänderkanten mit Zierstichen übernähen. Auf der Rückseite des so entstandenen Patches die gewünschte Applikationsform aufzeichnen, ausschneiden und applizieren.

* Ultra Stable: Das ist ein festes Stickvlies zum Aufbügeln und verleiht Taschen, Boxen etc. eine dauerhafte Stabilität. Dazu das Ultra Stable mit der bügelbeschichteten Seite auf die Stoffrückseite bügeln, 12 bis 15 Sekunden fest andrücken und den stabilisierten Stoff nach Anleitung weiterverarbeiten.

* Thermolam: Das ist ein verfestigtes Volumenvlies, das eine wärmeisolierende Wirkung hat.

Materialien & Hilfmittel

* Bleistift, Papierschere, Stoffschere, Seidenpapier oder Kopierfolie, langes Lineal, Rollschneider:
Damit lassen sich die Vorlagen am besten übertragen.

* Applikationsschere: Das ist eine leicht nach oben gebogene Schere. Sie verhindert beim Abschneiden des überstehenden Applikationsstoffes, dass versehentlich in den Stoff geschnitten wird.

* Nähmaschine mit Maschinensticknadel und Applikationsfuß:
Die Maschinensticknadel gewährleistet, dass sich der Stickfaden nicht aufribbelt, da das Nadelöhr dieser Nadel größer geschliffen ist als bei herkömmlichen Maschinennähnadeln. Der Applikationsfuß ist durchsichtig und ermöglicht dadurch eine gute Sicht auf die Naht. Er hat spezielle Rillen an der Nähfuß-unterseite und gleitet dadurch leicht über die Satinstichnaht, die durch die dichte Sticheinstellung erhaben ist.

* Rayon 40 Maschinenstickgarn:
Dieses lässt die Applikation plastischer und hochwertiger erscheinen. Rayon ist eine Naturfaser und glänzt im Vergleich zu Polyester-Nähgarn wesentlich mehr. Es ist dicker, weicher und deckt somit die Applikation besser ab.

* Unterschiedlich gemusterte Stoffe:
Bei allen verwendeten Stoffen handelt es sich, sofern nicht anders angegeben, um Baumwollstoffe. Die Maßangaben bei den Stoffen verstehen sich immer inklusive der Nahtzugabe von 1 cm ringsum.

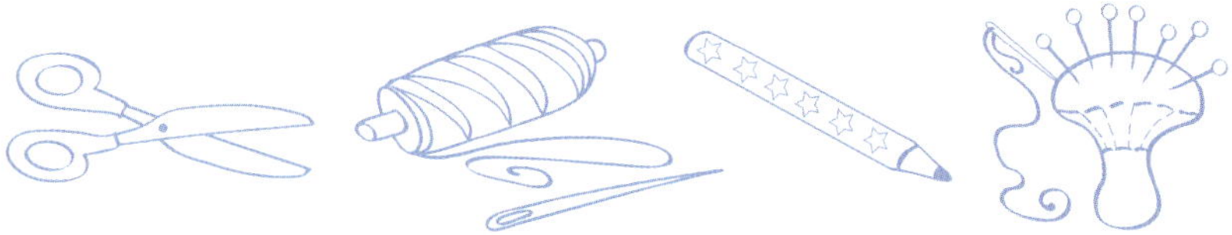

Hinweis: Bei den Stoffen und Dekobändern ist jeweils die Grundfarbe angegeben, nicht die des Musters.

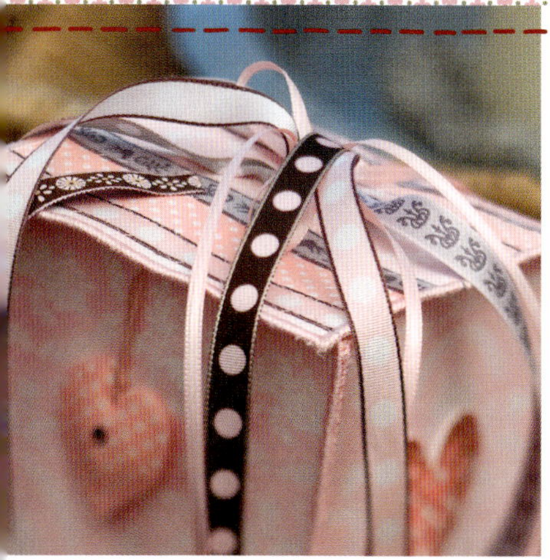

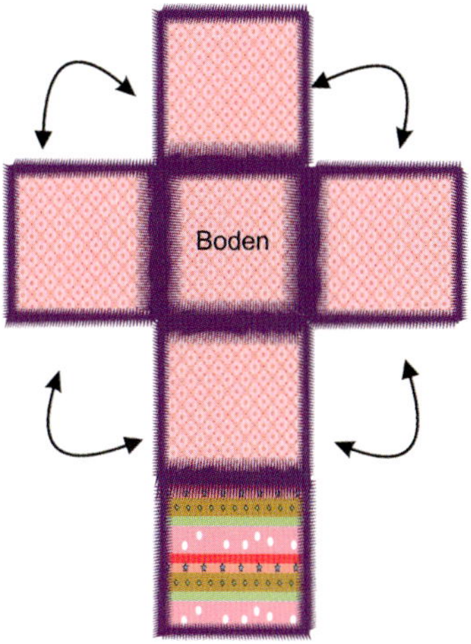

Jetzt die Seitenkanten mit einem Zickzackstich zusammengenähen, Sticheinstellung: Länge 1,5 mm, Breite 6,0 mm.

Zum Schluss das Kästchen mit Dekobändern, Streuherzen u. Ä. verzieren.

Das fertige Kästchen ist ca. 10 cm x 10 cm groß.

So geht's besser: Zum Aufbügeln von Vliesofix bzw. BSN verwenden Sie am besten Backtrennpapier, so wird ein Verschmutzen von Bügelbrett und Bügeleisen verhindert.

Stoffkästchen

Schmuck, Haarspangen und alles, was Ihnen lieb und teuer ist, lässt sich so hübsch aufbewahren. Auch als Geschenkverpackung eignet sich dieses Kästchen.

* Stoff mit Muster in Rosa (Stoff A), 5-mal 10 cm x 10 cm (Außenseite)
* Stoff mit Pünktchen in Rosa (Stoff B), 6-mal 10 cm x 10 cm (Innenseite)
* Dekobänder in verschiedenen Mustern und Farben, jeweils 1 cm breit
* Dekomaterial für das Kästchen, z. B. Herz-Holzstreuteile
* Ultra Stable, 6-mal 10 cm x 10 cm
* Filmoplast, 12 cm x 12 cm
* Vliesofix/BSN, 6-mal 10 cm x 10 cm
* Rayon 40 Maschinenstickgarn in Rosa

Der Deckel des Kästchen wird als Ribbon Patch (= Bänder-Fläche) gearbeitet. Dazu Filmoplast mit dem Trägerpapier nach oben legen und etwa 3 cm des Trägerpapiers abziehen. Hilfreich ist es, wenn man dazu mit einer Stecknadel eine Ecke des Trägerpapiers anhebt. Die verschiedenen Bänder Kante an Kante auf das selbstklebende Vlies andrücken, nach und nach das Trägerpapier weiter abziehen und die Bänder aufkleben.

Mit Zierstichen der Nähmaschine und Maschinenstickgarn die Stoßkanten der Bänder übernähen und den Patch auf 10 cm x 10 cm zurückschneiden.

Ultra Stable auf die Rückseiten von Stoff B bügeln, Vliesofix auf die Rückseiten von Stoff A und auf den Patch bügeln. Jeweils das Trägerpapier entfernen, ein Stoffquadrat A bzw. den Patch links auf links auf ein Stoffquadrat B legen, zusammenbügeln und mit dem Satinstich an allen vier Seiten zusammennähen. Dazu Maschinenstickgarn verwenden, Sticheinstellung: Zickzackstich, Länge 0,4 mm–0,5 mm, Breite: 3 mm.

Dann die Box zusammennähen: Dazu die Quadrate, mit der rechten Seite nach oben, Kante an Kante legen und mit einem Zickzackstich übernähen, Sticheinstellung: Länge 0,4 mm, Breite 6,0 mm.

Waffelpiquée eine Lage Volumenvlies und eine Lage Thermolam legen und alle drei Lagen 5 mm breit zusammennähen.

Die wattierte Sohle und die Waffelpiquéesohle rechts auf rechts aufeinander legen, 6 mm breit zusammennähen und die obere Rundung wieder zum Wenden offen lassen. Die Nahtzugabe nur an der Fersenrundung auf 3 mm zurückschneiden.

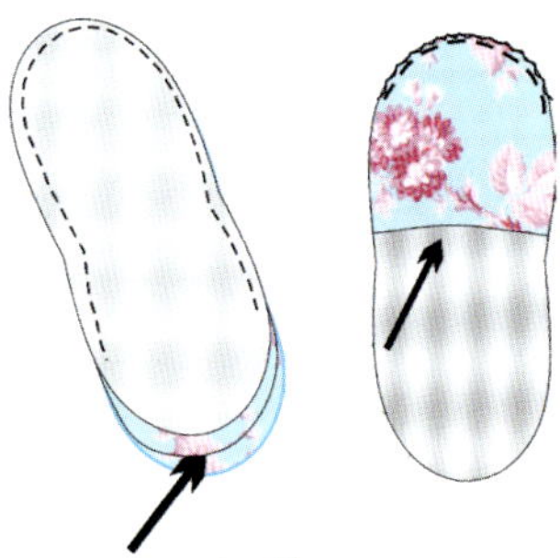

Den Schuh zwischen wattierter Sohle und Schuhoberteil wenden, die Rundung zunähen (Nahtbreite 6 mm) und die Nahtzugabe auf 3 mm zurückschneiden. Mit Zickzackstich versäubern und die Fußkappe zurückwenden.

Die Hausschuhe haben übrigens die Größe 37.

Passendes Schuhsäckchen: Wenn Sie die Hausschuhe verschenken wollen, nähen Sie am besten noch ein passendes Schuhsäckchen. Das sieht besonders hübsch aus, wenn Sie dieses im harmonischen Mustermix arbeiten.

Hausschuhe

Diese Hausschuhe sind gemütlich und ausgesprochen dekorativ in einem. Genau das Richtige für einen Wellness-Tag im eigenen Badezimmer zuhause!

* Waffelpiquée in Weiß, 2-mal 35 cm x 20 cm * Stoff mit Blumen in Hellblau, 4-mal 35 cm x 20 cm (2-mal für die Sohle, 2-mal für das Schuh-Oberteil) * Futtertaft in Pink, 25 cm x 25 cm (für Applikation) * Rastervlies zum Wattieren, 2-mal 35 cm x 20 cm * doppelseitig aufbügelbare Vlieseline, 2-mal 17 cm x 15 cm * Ultra Stable, 2-mal 35 cm x 20 cm * Thermolam, 2-mal 35 cm x 20 cm * Volumenvlies, 2-mal 35 cm x 20 cm * Vliesofix, 3-mal 25 cm x 25 cm * Soluvlies, 25 cm x 25 cm * Tear Easy, 20 cm x 20 cm * Rayon 40 Maschinenstickgarn in Pink und Hellblau * Vorlagenbogen A *

Zwei gegengleiche Sohlen und Oberteile nach Schnittvorlage zuschneiden. Ggf. den Schnitt der gewünschten Fußgröße anpassen.

Jede Sohle aus Waffelpiquée, dem gemusterten Stoff, Thermolam, Volumenvlies und Ultra Stable zuschneiden. Das Ultra Stable muss dabei 1 cm kleiner zugeschnitten werden als die übrigen Sohlenteile. Die Schuh-Oberteile jeweils einmal im Stoffbruch zuschneiden und einmal aus doppelseitig aufbügelbarer Vlieseline.

Die gecrashten Herzapplikationen wie bei der Wäschetasche beschrieben (siehe Seite 10) herstellen.

Die Oberteile auseinander falten und jeweils eine Herzapplikation aufnähen. Links auf links wieder zusammenfalten, dabei doppelseitig aufbügelbare Vlieseline dazwischen schieben und zusammenbügeln. Die Bruchkante schmalkantig mit Maschinenstickgarn absteppen.

Auf die Rückseite des geblümten Sohlenstoffes Rastervlies X50 aufbügeln und wattieren. Dazu Maschinenstickgarn in Hellblau in die Nähmaschine mit Ober- und Unterfaden einfädeln.

Die Rückseite des Oberteils auf die rechte Seite der wattierten Sohle stecken und an beiden Seiten ca. 6 cm auf die Sohle nähen, Nahtbreite 5 mm. Die Rundung bleibt zum Wenden offen.

Ultra Stable auf die Rückseite des Waffelpiquées aufbügeln. Dabei darauf achten, dass zwei gegengleiche Sohlen entstehen. Auf den so verstärkten

Klein, aber oho

Applikationen sind meistens klein, machen aber trotzdem ganz schön was her. Warum? Nun, der anders gemusterte Stoff hebt sich immer stark von dem Modell ab und macht dieses so zu einem unverwechselbaren Unikat. Sowohl Gekauftes wie auch selbst Genähtes wird auf diese Art und Weise schnell zu einem ganz persönlichen Lieblingsstück. Lassen Sie sich begeistern!

Die Herzform auf Vliesofix übertragen, großzügig ausschneiden und auf die Rückseite des Applikationsstoffs aufbügeln. Das Herz ausschneiden, das Trägerpapier abziehen und das Herz auf die rechte Seite der Taschenklappe vom Blumenstoff aufbügeln. Dabei zeigt die Herzspitze zur Rundung, die Motivmitte ist ca. 6 cm von der Klappenrundung entfernt. Das Herz im Satinstich mit Maschinenstickgarn applizieren, dabei zur Stabilisierung Tear Easy unterlegen.

An den kurzen, geraden Kanten von Stoff A und B einen 1 cm breiten Umschlag zur Rückseite hin umbügeln. Stoff A und Stoff B rechts auf rechts legen und die Rundung der Taschenklappe 1 cm breit bis zu den Markierungspunkten zusammensteppen, dabei die Bindebänder mittig der Rundung mitfassen. Die Naht auf 3 mm zurückschneiden, die Ecken an den Markierungspunkten einknipsen (d. h. bis knapp vor die Naht einschneiden) und wenden.

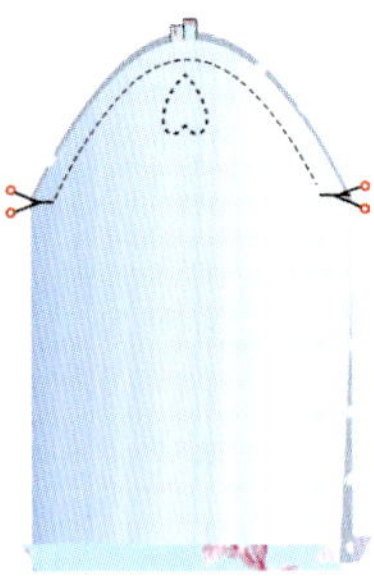

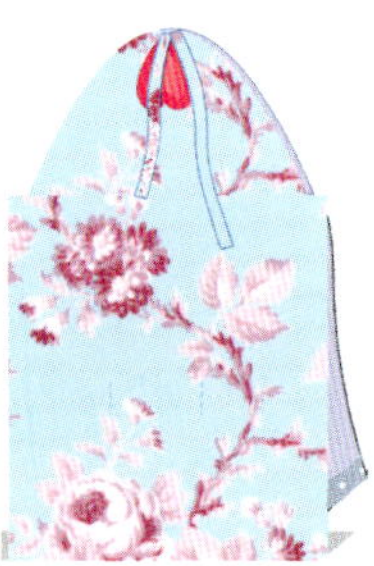

Sowohl an Stoff A als auch an Stoff B die untere Taschenhälften 18 cm umklappen, jeweils rechts auf rechts, und alle vier Lagen an beiden Seiten 1 cm breit zusammennähen. Dabei den eingebügelten Umschlag mitfassen. Von der Stoffoberseite her wenden.

Die eingeschlagene Saumkanten knappkantig gegeneinander steppen, dabei die Zackenlitze mitfassen. Den Riegel ca. 1,5 cm unterhalb der Klappe annähen.

Die fertige Wäschetasche ist ca. 30 cm x 18 cm groß.

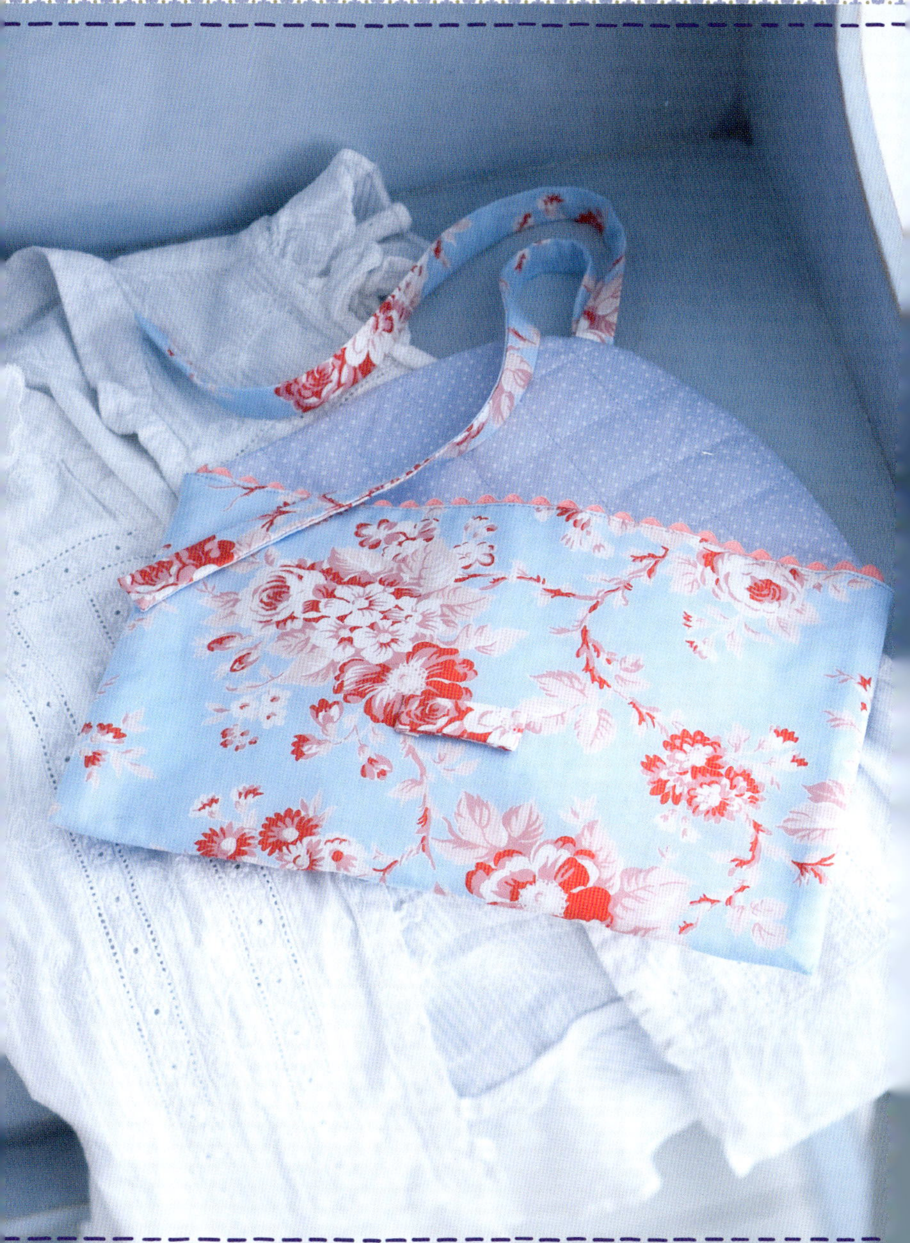

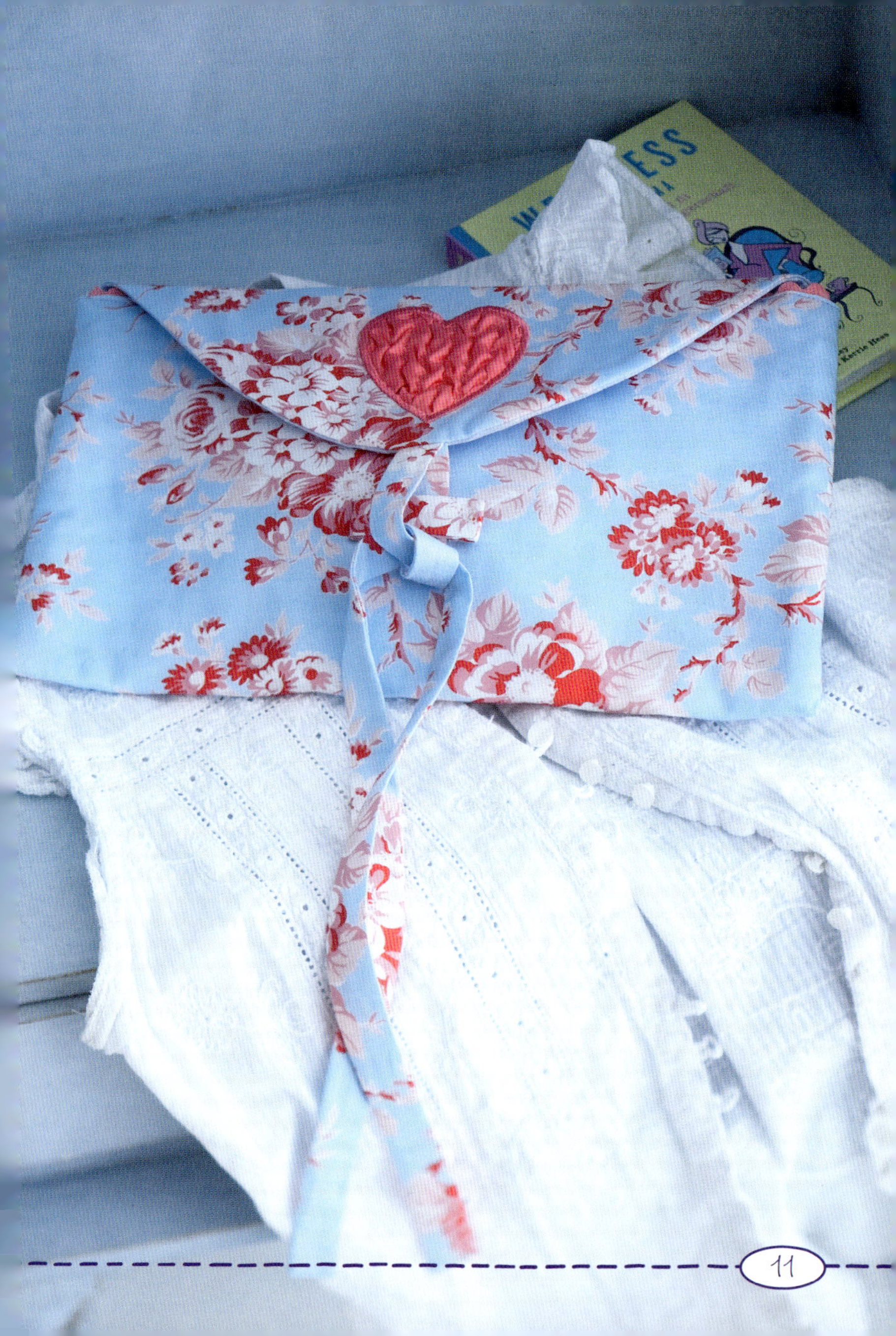

Wäschetasche

Für zarte Dessous und feine Wäschestücke braucht es einfach etwas ganz Besonderes – wie zum Beispiel die romantische Wäschetasche.

* Stoff mit Blumen in Hellblau (Stoff A), 50 cm x 35 cm (Außenseite), 6 cm x 40 cm und 6 cm x 47 cm (Bänder) * Stoff mit Pünktchen in Hellblau (Stoff B), 50 cm x 35 cm (Innenseite) * dünner Futtertaft in Pink, 25 cm x 25 cm (Applikation) * Zackenlitze in Rosa, 35 cm lang * Rastervlies X50, 50 cm x 35 cm * Vliesofix, 2-mal 35 cm x 35 cm * Soluvlies, 23 cm x 23 cm * Tear Easy, 20 cm x 20 cm * Rayon 40 Maschinenstickgarn in Pink und Hellblau * Vorlagenbogen B *

Die Stoffe wie auf dem Vorlagenbogen gezeigt zuschneiden, die Nahtzugabe von 1 cm ringsum ist hierin bereits enthalten.

Rastervlies X50 zuschneiden, auf die Rückseite des Innenseitenstoffes (Stoff B) bügeln und den Stoff entlang des Rasters im Steppstich wattieren. Dafür die Nähmaschine mit hellblauem Maschinenstickgarn in Ober- und Unterfaden einfädeln.

Zwei Bindebänder nähen. Dazu jeweils die langen Seiten und eine kurze Seite 1 cm breit zusammennähen und anschließend wenden. Vom längeren Band für den Verschlussriegel 7 cm abschneiden.

Für die Applikation wird der Stoff gecrashed. Dazu auf die linke Seite vom Applikationsstoff zwei Lagen Vliesofix ohne Trägerpapier legen und darüber das Soluvlies. Alle vier Seiten feststecken, dann das gesamte Stoffteil parallel in Reihen mit ca. 1 cm Abstand steppen. Nach dem Zusammensteppen die Kanten gleichmäßig abschneiden, das Bügeleisen auf Dampf einstellen und über die Vliesseite der Stepperei halten. Das Soluvlies zieht sich zusammen, der Stoff wird dadurch gecrashed. Achtung, das Bügeleisen soll den Stoff dabei nicht berühren.

Nach dem Crashen den Stoff ca. 30 Minuten liegen lassen, damit die Haftmasse sich gut festigen kann. Danach den Stoff ca. 20 Minuten in warmes Wasser legen. Dabei löst sich das Soluvlies auf. Mehrmals ausspülen und trocknen lassen.

Die Applikation wie in der allgemeinen Anleitung (siehe Seite 23) beschrieben aufnähen. Ggf. zusätzliche Zierränder um die Applikationen aufsticken.

Wird ein zusätzlicher Zierrand um die Applikation gestickt, muss Solvy, eine wasserlösliche Folie, verwendet werden, um ein Einsinken der Stiche in die Frotteeschlaufen zu verhindern. Dafür das Solvy über die Applikation legen und feststecken, sodass die Folie stramm aufliegt, den Zierrand aufsticken und die Folie hinterher einfach wieder wegziehen. Folienreste im Zierrand können mit einem angefeuchteten Wattestäbchen weggetupft werden.

Auf die Rückseite eines der beiden Bodenteile Volumenvlies bügeln, die Bodenteile rechts auf rechts mit einer 1 cm breiten Naht an die Stoffe A und B nähen und den Beutel wenden. Die Wendeöffnung schließen.

Das Innenfutter in den Beutel stecken und den oberen Rand ca. 6 cm umschlagen.

Den Pappkreis mittig auf die Rückseite des letzten gemusterten Stoffkreises legen. Die überstehenden Stoffränder mit den Textilkleber auf die Papp-Rückseite kleben und den so mit Stoff bezogenen Pappkreis in den Stoffkorb legen.

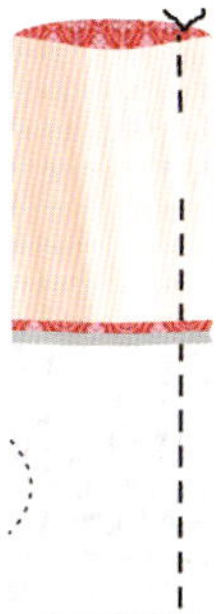

Der fertige Stoffkorb ist 19 cm hoch und hat einen Durchmesser von 14 cm.

Gästehandtuch

* Gästehandtuch in Weiß, ca. 30 cm x 50 cm
* unterschiedliche Stoffe in Rot, 2-mal 14 cm x Handtuchbreite + 2 cm
* Vliesofix/BSN, 10 cm x 10 cm
* Tear Easy, 20 cm x 20 cm
* Solvy, 20 cm x 20 cm
* Rayon 40 Maschinenstickgarn in Rot
* Vorlagenbogen A

An den kurzen Seiten des Gästetuches die Saumkanten abschneiden.

Den Besatzstreifen an einer Längskante 1 cm nach links umbügeln. Den Streifen rechts auf rechts an das Handtuch nähen. Die Naht ausbügeln, den Besatzstreifen rechts auf rechts zur Hälfte falten, die Seitenkanten 1 cm breit zusammennähen, den Besatz verstürzen und auf der rechten Seite des Handtuches kantig aufsteppen.

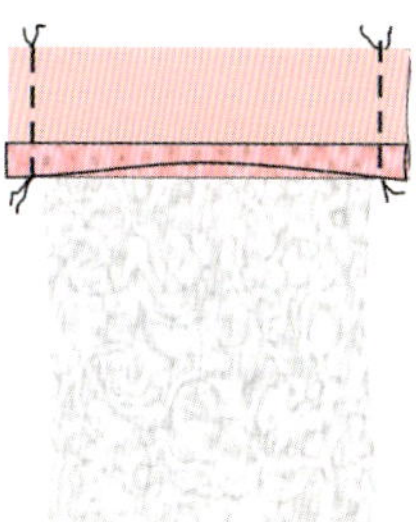

Fürs Gäste-WC

Handtücher fürs Gäste-WC sind meistens rechteckig, praktisch, weiß – und ein bisschen langweilig. Sorgen Sie mit Applikationen für individuellen Pfiff und mit dem Stoffkorb für eine hübsche Präsentation.

Stoffkorb

* Stoff in Weiß (Stoff A), 27 cm x 52 cm * Stoff mit Muster in Rot (Stoff B), 27 cm x 52 cm und 3-mal 17 cm x 17 cm (Boden und Beziehen der Pappe)
* einseitig aufbügelbares Volumenvlies, 27 cm x 52 cm und 2-mal 17 cm x 17 cm
* Vliesofix/BSN, 10 cm x 10 cm * Tear Easy, 20 cm x 20 cm
* Totally Stable, 20 cm x 20 cm * Rayon 40 Maschinenstickgarn in Rot
* Pappkreis, ø 14 cm * HT2 Textilkleber
* Vorlagenbogen A *

Aus dem Stoff B drei Kreise mit ø 17 cm ausschneiden. Dazu Totally Stable als Schneidehilfe verwenden. Den Kreis auf Totally Stable zeichnen, dieses auf die Rückseite von Stoff B bügeln und den Kreis ausschneiden. Das Vlies abziehen und für den zweiten und dritten Kreis verwenden.

Volumenvlies auf die Rückseite des weißen Stoffs bügeln.

Jetzt eine Applikation aus dem rot gemusterten Stoff auf den weißen Stoff nähen. Die Applikationsmitte sollte dabei ca. 9 cm von der unteren Kante und 26 cm von der seitlichen Kante entfernt sein. Mit Zierstichen um die Applikation herum eine zweite Zierstichlinie sticken.

Den weißen Stoff rechts auf rechts auf den gemusterten Stoff legen und eine Längsseite 1 cm breit zusammennähen. Die Naht auseinander bügeln.

Die kurzen Seiten rechts auf rechts aufeinander legen und 1 cm breit zusammenstecken. Dabei beim gemusterten Stoff eine Wendeöffnung von ca. 10 cm offen lassen.

Herzbild

Für den Partner, die gute Freundin, liebe Verwandte oder auch sich selbst. Kurz: für alle, die Ihnen am Herzen liegen.

* Stoff mit Muster in Rot (Stoff A), 28 cm x 28 cm * Stoff mit Blümchen in Weiß (Stoff B), 15 cm x 15 cm * Stoff mit Rosen in Weiß (Stoff C), 5 cm x 5 cm * Dekoband mit Karomuster in Rot, 5 mm breit, 100 cm lang * Zackenlitze in Rot, 60 cm lang * kleines Stoff- oder Satinröschen in Rot * Bilderrahmen mit Papphintergrund, 23 cm x 23 cm * zweiseitig aufbügelbares Volumenvlies, 28 cm x 28 cm * einseitig aufbügelbares Volumenvlies, 2-mal 28 cm x 28 cm * Vliesofix/BSN, 20 cm x 20 cm * Tear Easy, 28 cm x 28 cm * Füllwatte * Rayon 40 Maschinenstickgarn in Rot * HT2 Textilkleber * Sprühkleber * Vorlagenbogen A *

Auf die Vorderseite von Stoff A eine Herzapplikation nähen. Dazu das Herz auf das Trägerpapier vom Vliesofix übertragen, großzügig ausschneiden und auf die Rückseite von Stoff B bügeln. Exakt ausschneiden und auf Stoff A bügeln. Tear Easy mit Sprühkleber unter das Herz kleben und dieses mit Maschinenstickgarn im Zickzackstich auf den Stoff aufnähen. Mit etwas Abstand um die Applikation in einem Blümchenzierstich ein weiteres Herz sticken. Das Tear Easy von der Rückseite vorsichtig entfernen.

Auf der Rückseite innerhalb der Herzapplikation einen 3 cm langen Schnitt machen. Dadurch das Herz mit Füllwatte ausstopfen und den Schnitt mit einem Stoffrest und Vliesofix verschließen.

Mittig auf dem Herz eine weitere Applikation anbringen, hierzu Stoff C verwenden. Daraus eine Rose ausschneiden und mit Vliesofix bzw. BSN aufbügeln.

Auf die Rückseite von Stoff A eine Lage zweiseitig und darüber eine Lage einseitig aufbügelbares Volumenvlies legen und zusammenbügeln. Darüber kommt eine weitere Lage einseitig aufbügelbares Volumenvlies, das mit Sprühkleber besprüht wurde. Alles mit Zickzackstich umnähen.

Die Pappe mit dem Stoffbild beziehen. Dazu die Bildrückseite mit Sprühkleber besprühen, die Pappe mittig aufdrücken, die überstehenden Ränder straff über die Pappe ziehen und mit Textilkleber befestigen. Das Bild im Rahmen fixieren. Dekoband und Zackenlitze zu einer Schleife binden und zusammen mit dem Stoffröschen auf das Herz kleben.

Liebe Leserinnen und Leser,

Applikationen – das sind kleine, feine Möglichkeiten, Objekten aus Stoff eine ganz individuelle und einzigartige Note zu verleihen und sie so zu etwas ganz Besonderem zu machen. Schon Stoffreste reichen hierzu aus. Gerade jetzt, wo es so viele schöne Stoffe in den unterschiedlichsten Farben und mit den herrlichsten Mustern gibt, ist das eine fantastische Möglichkeit, um in deren Fülle schwelgen zu können.

Die Modelle selbst, wie zum Beispiel die romantische Wäschetasche oder der Stoffkorb für die Gästehandtücher, werden natürlich selbst genäht – und dann mit Applikationen versehen.

Lassen Sie sich von der Farb- und Mustervielfalt begeistern, die hier in ihrer harmonischen Zusammenstellung das skandinavisches Lebensgefühl widerspiegelt. Willkommen in meinem Mittsommerland!

Ihre

BF Binder

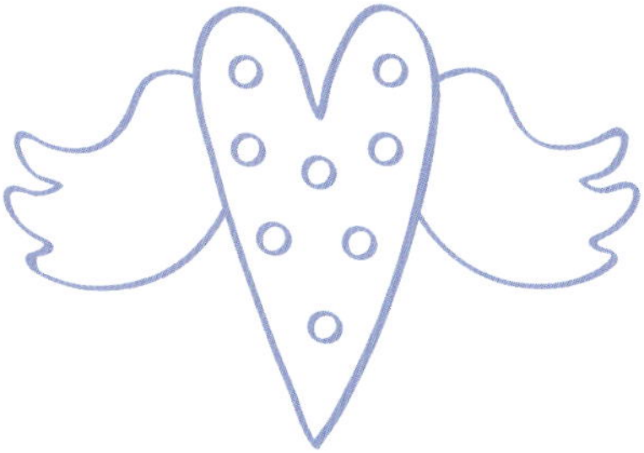

Brigitte Friederike Binder

Applizieren

Kollektion Mittsommerland

Hinweis: Bei den Stoffen und Dekobändern ist jeweils die Grundfarbe angegeben, nicht die des Musters.

Folgende Materialien sollten Sie auf alle Fälle zur Hand haben:
* Schere * Bleistift * Lineal * Maßband

Mit Nähutensilien ist Folgendes gemeint:
* farblich passendes Nähgarn * Nähnadel * Stecknadeln * Nähmaschine * Bügeleisen

Ruth Laing (Jahrgang 1966) ist verheiratet und hat drei Kinder. Nach ihrem Abitur absolvierte sie zuerst eine Schneiderlehre, bevor sie Maschenkonfektionstechnik sowie Bekleidungstechnik studierte. Danach arbeitete sie als technische Redakteurin bei einem bekannten Modeverlag, bevor sie freiberufliche Autorin für diverse Zeitschriften- und Buchverlage wurde.

Impressum

Wir danken den Firmen Gütermann (Gutach) und Knorr Prandell (Lichtenfels) für die freundliche Unterstützung mit Materialien.

Dieses Buch ist nicht einzeln verkäuflich, es ist Teil von TOPP 6716 (Kollektion Mittsommerland, ISBN 978-3-7724-6716-5)

ILLUSTRATIONEN: Ursula Schwab, Handewitt

FOTOS: frechverlag GmbH, 70499 Stuttgart; lichtpunkt, Michael Ruder, Stuttgart

PRODUKTMANAGEMENT: Eva-Barbara Hentschel, Hannelore Irmer-Romeo

LEKTORAT: Redaktionsbüro Kim Marie Krämer, Leinfelden-Echterdingen

GESTALTUNG: Petra Theilfarth

Printed in China

Lampe im Tupfen-Look

Diese Lampe könnte fast in der Villa Kunterbunt stehen. Ihr Tupfen-Look macht zumindest jeden froh.

* alten Lampenschirm, * Stoff mit Muster in Rosa
* Stoff mit Pünktchen in Rot * Stoff mit Punkten in Rot
* Dekoband mit Streifen in Rot, 1 cm breit * Dekoand mit Steifen in Weiß, 7 mm breit
* Papier (fürs Schnittmuster) * Flüssigkleber * Sprühkleber

Zunächst einen Papierschnitt herstellen. Dazu den Lampenschirm auf Papier abrollen und dabei entlang der oberen und unteren Kante kleine Markierungen mit einem Bleistift machen. An den Nahtstellen des fertigen Schirms beginnen und enden.

Den Papierschnitt ausschneiden und in drei Teile aufteilen. Das obere und untere Schnittteil ist jeweils 5 cm hoch. Die Schnittteile auf den Stoff legen und zuschneiden, dabei Folgendes beachten: Die seitlichen Kanten aller drei Schnittteile überlappen sich ca. 5 mm, an der oberen Kante des oberen Schnittteils sowie an der unteren Kante des unteren Schnittteils müssen 1,5 cm Stoff zugegeben werden, da diese Kanten nach innen in den Lampenschirm eingeschlagen werden.

Das obere Schnittteil flächig mit Sprühkleber einsprühen und auf den Lampenschirm kleben, die obere Kante steht 1,5 cm über, die seitlichen

Kanten überlappen sich ca. 5 mm. Dann das mittlere Schnittteil aufkleben, die obere Kante stößt exakt an die Kante des oberen Teils. Zum Schluss das untere Schnittteil aufkleben. Auch hier stoßen die Kanten wieder exakt aneinander, die untere Kante steht 1,5 cm über.

Den Stoff an der oberen und unteren Kante nach innen einschlagen und mit Flüssigkleber festkleben.

Die beiden Bänder mit Flüssigkleber über die offenen Schnittkanten der Stoffe kleben.

Fußhocker

Ein gemütliches Plätzchen für müde Füße, das stellt der frisch bezogene Fußhocker dar. Der Pünktchenstoff und die Bommeln sorgen sofort für gute Laune.

* alter Fußhocker, 50 cm x 40 cm x 34 cm * Stoff mit Punkten in Rot, 70 cm x 62 cm * Bommellitze in Weiß, 270 cm lang * Weißlack * Pinsel * ggf. Schwingschleifer * Nähutensilien * Tacker * Heißklebepistole

Den Lack des alten Hockers anschleifen, den Staub entfernen und den Hocker neu lackieren.

Den Stoff mittig über die Schaumstoffplatte des Hockers legen und an der Oberfläche mit einigen Stecknadeln fixieren. Dann den Stoff ringsum am Holzgestell festtackern. Dabei die Stoffkanten jeweils ca. 1 cm nach innen einschlagen.

Zunächst eine lange Seite befestigen, die Stecknadeln entfernen und erst dann die gegenüberliegende Stoffseite festtackern. Den Stoff dabei stramm ziehen und ggf. mehr als 1 cm nach innen einschlagen, um die notwendige Stoffspannung zu erhalten.

Nach den beiden Längsseiten kommen die beiden Schmalseiten an die Reihe. Dazu den Stoff an den Ecken einschlagen und dann die Schmalseiten festtackern. Der Stoff sollte sich nun ohne jegliche Falten an die Schaumstoffplatte anschmiegen und ein wenig unter „Spannung" stehen.

Zum Schluss die Bommellitze mit der Heißklebepistole über den Tackernadeln befestigen.

Großes Glas

* altes, großes Einmachglas * Stoff oder Wachstuch mit Punkten in Grün, 3,5 cm x drei- bis vierfacher Glasumfang * Spitzengummiband in Weiß * Flüssigkleber * evtl. Zackenschere

Den Stoff- bzw. Wachstuchstreifen in der entsprechenden Länge zuschneiden. Bei stark fransenden Stoffen die Kanten mit einer Zackenschere beschneiden.

Auf die obere Kante des Glases ausreichend Flüssigkleber geben und den zugeschnittenen Stoffstreifen fortlaufend in kleine, ca. 7 mm bis 1 cm breite Fältchen legen. Über den Stoffstreifen das Spitzengummiband legen, fest zusammenziehen und mit einem Knoten schließen.

Als Kerzenständer: Dient das große Glas als Kerzenständer, dann geben Sie am besten Vogelsand in das Glas und stecken eine Stabkerze ein.

Kerzengläser

Auf der Fensterbank verbreiten sie Stimmung, auf dem Terrassentisch dienen sie als kleine Windlichter. Egal wo, die Tupfen sorgen immer für gute Laune.

Kleine Gläser

* 3 alte, kleine Gläser * Stoff oder Wachstuch mit Punkten in Grün * Zackenlitze in Weiß * Spitzengummiband in Weiß * Rosenspitze in Weiß * 3 Teelichter * Sprühkleber * Flüssigkleber * evtl. Zackenschere * Unterlage, z. B. Zeitungspapier

Den Stoff bzw. das Wachstuch exakt der Glashöhe und dem Glasumfang entsprechend zuschneiden. Bei stark fransenden Stoffen die Kanten mit einer Zackenschere beschneiden. Bei Wachstuch reicht der Einsatz einer normalen Schere.

Den Stoff auf eine Unterlage oder Zeitungspapier legen, die rechte Stoffseite liegt dabei unten. Die linke Stoffseite komplett mit Sprühkleber benetzen, dann den Stoff sorgfältig um das Glas kleben.

Die obere und untere Kante der Gläser mit den verschiedenen Bändern bekleben. Hierzu den Flüssigkleber verwenden.

Buchsbaumherz

* festen Draht, 52 cm lang * Buchsbaum * Satinband in Weiß, 30 cm lang
* Blumendraht * Zange * Gartenschere
* Vorlagenbogen A *

Vom Vorlagenbogen zunächst die Herzschablone abkopieren und ausschneiden. Dann den festen Draht mit der Zange zu einer Herzform biegen, die ungefähr der Schablonenform entspricht. Die beiden Enden des unteren, geraden Drahtteils mit Satinband umwickeln.

Das Herz mit ca. 2 cm langen Buchsbaumabschnitten und dem Blumendraht umwickeln.

Hübsche Tischdeko: Zusammen mit Buchsbaumherzen ergeben die Blumentöpfe eine schöne Tischdeko. Füllen Sie am besten Vogelsand in die Blumentöpfe und stecken Sie die Kerzen dort hinein.

Frisch in Grün

Hier bekommen einfache Ton-Blumentöpfe mit etwas Farbe und Stoff sofort einen frischen Look. So eignen sie sich auch fantastisch als Kerzenständer.

Blumentöpfe

* 2 Ton-Blumentöpfe, ø 11 cm (an der oberen Kante), 10 cm hoch * Stoff mit Punkten in Hellgrün, 12 cm x 65 cm (Topf mit Rüsche) * Zackenlitze in Hellgrün, 40 cm und 70 cm (Topf mit Rüsche) sowie 65 cm und 2-mal 38 cm lang (Topf ohne Rüsche) * Bommellitze in Weiß, 38 cm lang * Gummiband, ca. 32 cm bis 34 cm lang * 4 Holzstreublumen in Hellgrün * Acrylfarbe in Weiß * Flüssigkleber * Pinsel * Nähutensilien

Die Blumentöpfe mit Acrylfarbe streichen und trocknen lassen.

Für die Rüsche den Stoff an den beiden langen Seiten jeweils 1 cm nach links umbügeln. Die beiden Kanten aufeinander legen – die rechte Stoffseite liegt außen –, den Stoffstreifen bügeln und knappkantig feststeppen.

Das Gummiband mittig an einer kurzen Stoffseite mit einem Zickzackstich 1 cm lang festnähen, die Nähmaschinennadel im Stoff stecken lassen. Das Gummiband so weit wie möglich dehnen und mit einer Stecknadel auf der gegenüberliegenden Schmalseite feststecken. Das Gummiband im gedehnten Zustand mit drei weiteren Stecknadeln am Stoff feststecken. Nun das Gummiband über die gesamte Länge mit einem Zickzackstich festnähen.

Das Rüschenband um die obere Kante eines Blumentopfes legen und der Länge entsprechend beide Schmalseiten aufeinander steppen. Dann das Band um den Topf legen und mit etwas Flüssigkleber fixieren. Die Zackenlitze mit Flüssigkleber an der Stoffrüsche befestigen, durch das lange Band zwei Holzstreublumen ziehen und mit einem Knoten festbinden.

Am zweiten Blumentopf ebenfalls die Zackenlitzen festkleben, die längere Zackenlitze liegt in der Mitte. Die Bommellitze am unteren Rand befestigen. Die Holzstreublumen anknoten.

Hakenleiste

Eine Hakenleiste kann nicht nur praktisch sein, sondern auch schön dekorativ! Diese hier dient, dank der Herzen und Vasen, als kleiner Blickfang in der Küche.

* Hakenleiste, 77 cm lang * Sperrholz
* Dekoband mit Karomuster in Blau, 1,5 cm breit und 1 cm breit
* Zackenlitze in Weiß, 60 cm lang (linkes Herz)
* Band in Weiß, 1 cm breit, 80 cm lang (rechtes Herz)
* 8 Holzhalbkreise, ø 1 cm (rechtes Herz)
* Weißlack * Schleifpapier * Sekundenkleber * Pinsel
* Stichsäge * Schwingschleifer * Bohrmaschine
* Vorlagenbogen A *

Die Hakenleiste mit Schleifpapier anschleifen und mit Weißlack streichen. Trocknen lassen.

Für die Holzherzen die Vorlage abkopieren, ausschneiden und die Kontur zweimal auf das Holz übertragen. Mit der Stichsäge aussägen, die Kanten mit einem Schwingschleifer abrunden und mit Schleifpapier von Hand nacharbeiten. Mit der Bohrmaschine zwei Löcher für die Bänder in das Holz bohren. Anschließend die Herzen lackieren.

Die Bänder wie abgebildet durch die Löcher ziehen, die Enden verknoten. Beim rechten Herz die Enden der Bänder mit Sekundenkleber zwischen die lackierten Holzhalbkreise kleben.

Kleine Vasen: Für die Vasen habe ich einfach kleine Fläschchen mit hübschen Bändern umwickelt und Zweige eingesteckt – fertig.

Für Krimskrams

Alte Schachteln hat fast jeder zuhause – und Krimskrams, der verstaut werden muss, auch. Hier finden Sie die praktische und dekorative Lösung dafür!

* alte Pappschachteln (mit Deckel) * Stoff mit Karomuster in Rosa
* Litze in Rosa * Bommellitze in Weiß * Sprühkleber * Flüssigkleber

Die Pappschachteln ausmessen und den Stoff so zuschneiden, das er an allen Kanten ca. 1 cm länger ist als die Schachtel selbst.

Den Stoff dann mittig auf der Oberseite des Deckels so festkleben, dass er an allen Seiten 1 cm übersteht. Die unteren Stoffkanten ca. 1 cm nach links einschlagen, hierfür Flüssigkleber verwenden. Dann die beiden Längs-Seitenteile mit Sprühkleber festkleben.

Den Stoff an den beiden Stirnseiten einschlagen und ebenfalls festkleben, hierfür Flüssigkleber verwenden.

Zum Schluss die Litze bzw. die Bommellitze ankleben. Bei der inneren Schachtel genauso vorgehen.

Bänderlampe

Dieser hübsche Lampenschirm spendet nicht nur auf dekorative Art und Weise Licht, sondern ist ein kleines, fröhliches Kunstwerk im Mustermix.

* alter Lampenschirm
* unterschiedliche Dekobänder, 12-mal passend für die Längsstreifen, 12-mal für die Schleifen und je 1-mal für den oberen und mittleren Querstreifen zugeschnitten
* Flüssigkleber * Sekundenkleber * Stecknadeln

Zunächst die zwölf senkrechten Bänder in gleichmäßigen Abständen aufkleben. Dazu die Position der einzelnen Bänder ausmessen und mit Stecknadeln an der oberen Kante markieren. Dann die zugeschnittenen Bänder senkrecht mit Flüssigkleber festkleben. Dabei nicht zu viel Klebstoff verwenden, er könnte sonst durch die Bänder durchschlagen.

Dann die beiden waagerechten Bänder festkleben. Anfang und Ende überlappen sich dabei jeweils ca. 5 mm.

Zum Schluss die Schleifen binden und jeweils versetzt an die Kreuzungspunkte zwischen dem oberen bzw. unteren Band und den senkrechten Bändern festkleben. Hierzu Sekundenkleber verwenden.

Holzkästchen

Für Spielkarten oder Nähutensilien haben sich alte Holzschachteln richtig in Schale geschmissen – mit Geschmack und Erfolg!

* Holzschachteln oder Zigarrenkästchen
* Stoff mit Muster in Weiß
* Dekoband mit Muster in Hellblau
* Acryllack in Weiß
* Sprühkleber
* Flüssigkleber
* Schere
* Maßband/Lineal
* Pinsel

Das Holzkästchen innen und außen mit Acryllack streichen. Trocknen lassen.

Den Stoffrest passend zuschneiden und mit Sprühkleber festkleben. Die offenen Stoffkanten anschließend mit dem Dekoband überkleben. Die Bänder in den Ecken schräg zuschneiden und mit Flüssigkleber aufkleben.

Anschließend auf die beiden Innenseiten des Umschlags Gummibänder aufnähen, unter welche das Buch geklemmt wird. Da die Gummibänder unterschiedlicher Hersteller sich unterschiedlich weit dehnen lassen, muss die Länge individuell ermittelt werden. Dazu das gedehnte Gummiband auf die Höhe des Buches abstimmen und noch 1 cm an Länge zum Einschlagen hinzugeben. Das Gummiband dann ca. 6 cm bis 8 cm von der äußeren Kante und ca. 2,5 cm von der oberen und unteren Kante entfernt mit der Nähmaschine aufsteppen. Dabei an der oberen und unteren Kante das Gummiband knappkantig einschlagen.

Nun den Stoff für die äußere Seite des Umschlags zuschneiden. Dieser ist ringsum ca. 2 cm größer als der Pappdeckel. Eventuell die Umschlagseiten aus zwei Stoffen kombinieren. Dazu die Teile zusammennähen und die Nähte mit Zackenlitze überkleben. Den Stoff über das Volumenvlies legen und die Kanten sorgfältig mit Flüssigkleber auf der Innenseite des Buches festkleben. Die Ecken zu Falten legen und die offenen Schnittkanten mit Zackenlitze überkleben.

Zum Zusammenbinden evtl. noch Satinband mittig an die äußeren Kanten des Umschlags kleben.

Buchumschläge

Mit einem hübsch gemusterten Buchumschlag wird ein gewöhnliches Notizbuch zu etwas ganz Besonderem – ideal als Rezeptesammlung, Tagebuch oder für liebe Erinnerungen.

* Notizbücher oder China-Kladden * feste Pappe
* verschiedene Stoffe mit Rosenmuster in Hellblau
* Zackenlitze in Rot und Weiß * Satinband in Weiß, 5 mm breit
* Volumenvlies * Gummiband, 2,5 cm breit * dickes Paketklebeband
* Sprühkleber * Flüssigkleber * Nähutensilien

Zunächst das Buch, für das der Umschlag gestaltet werden soll, ausmessen: Für die Vorder- und Rückseite die Höhe und Breite bestimmen, für den Buchrücken ist zusätzlich die Buchdicke wichtig. Der Umschlag wird größer als das innen liegende Buch. Die Pappe für den Buchrücken ca. 5 mm breiter als den Rücken selbst zuschneiden und 4 cm höher. Für die Vorder- und Rückseite des Umschlags an den drei äußeren Kanten der Pappe jeweils 2 cm zugeben.

Mit dem Paketklebeband die drei Teile gut zusammenkleben, am besten mit mehreren Klebebandlagen. Der Pappumschlag soll nach dem Zusammenkleben aber noch leicht beweglich und faltbar sein.

Die gesamte Vorderseite des Pappumschlags mit einer Schicht Volumenvlies bekleben. Hierfür eignet sich Sprühkleber.

Dann die Innenseite des Umschlags ganzflächig mit Stoff bekleben.

Liebe Leserinnen und Leser,

auf dem Dachboden, im Keller oder auf dem Flohmarkt: Überall gibt es Fundstücke zu entdecken, die zum Wegwerfen eigentlich zu schade sind, ihre beste Zeit aber schon hinter sich haben.

Mit hübschen, bunt gemusterten Stoffen und Bändern und etwas Acrylfarbe habe ich hier alte Hocker, Gläser oder Lampenschirme in dekorative Unikate verwandelt. Die fröhlichen Muster und frischen Farben erinnern dabei an das unkomplizierte Design, welches den skandinavischen Lebens- und Wohnstil prägt.

Lassen Sie sich inspirieren und holen Sie sich dieses nordische Wohn- und Wohlfühl-Gefühl nach Hause!

Ihre

Ruth Laing

Ruth Laing

Fundstücke

Kollektion Mittsommerland